Susanne Fetzer

Auf die Plätze, fertig, los

Zehn kreative Themennachmittage für die Seniorenarbeit

Mit Downloadmaterial

Das Kopieren von Rätselvorlagen und Zeichnungen für Gemeindeveranstaltungen ist gestattet.
Die Bibelstellen sind entnommen aus:
Lutherbibel, revidiert 2017, © 2016 Deutsche Bibelgesellschaft, Stuttgart.

Bibliografische Information der Deutschen Nationalbibliothek:
Die Deutsche Nationalbibliothek verzeichnet diese Publikation in der Deutschen Nationalbibliografie; detaillierte bibliografische Daten sind im Internet über http://dnb.d-nb.de abrufbar.

2. Auflage 2023

Umschlaggestaltung: Grafikbüro Sonnhüter, www.grafikbuero-sonnhueter.de
unter Verwendung von Bildern © Maria_Petrishina (shutterstock.com)
Lektorat: Rahel Dyck, Bonn
Verwendete Schrift: Myriad Pro, Chaparral Pro
DTP: Breklumer Print-Service, www.breklumer-print-service.com
Gesamtherstellung: CPI books GmbH, Ulm
Printed in Germany
ISBN 978-3-7615-6843-9 (Buch)
ISBN 978-3-7615-6844-6 (E-Pub)

www.neukirchener-verlage.de

Susanne Fetzer
Auf die Plätze, fertig, los

Inhalt

Mit freundlichen Grüßen

Adel verpflichtet

Ach, du dickes Ei!

Auf die Plätze, fertig, los!

Weihnachtssterne und andere Lichter

Bedeutung der Symbole

 Zum Vorlesen

 Schriftliches Ratespiel, jeweils zu zweit oder dritt spielbar

 Zum Downloaden

Vorwort

„Warum kommen ältere Menschen eigentlich in den Seniorenkreis?"

Kennen Sie diese Frage auch?

Eine Antwort höre ich sowohl von Mitarbeitern als auch von Teilnehmern immer wieder: „Wegen der Gemeinschaft."

Das ist der Hauptgrund.

Gemeinschaft bedeutet: sich als Teil einer Gruppe zu erleben. Sich miteinander verbunden zu fühlen. Dabei sein und mitmachen. Sich wahrnehmen und sich einbringen – darum geht es.

Es geht um Begegnung und Beteiligung.

In diesem Buch finden Sie eine Fülle von ausgearbeiteten Ideen, die genau dies fördern und ermöglichen: Ratespiele zum Mitmachen. Geschichten, die zum Erzählen anregen. Gesprächsimpulse für den Austausch in einer größeren oder kleineren Gruppe.

So können sich die Älteren beteiligen und sich mit ihrem Wissen und ihren Erlebnissen einbringen.

Die Themen sind mitten aus dem Leben gegriffen. Alltagsnah und doch immer wieder überraschend tiefgründig.

Begegnung und Beteiligung, Ernsthaftigkeit und Fröhlichkeit, Ermutigung und Selbstvergewisserung – mit den Ideen aus diesem Buch kann es gelingen!

Downloaden und Präsentieren

Downloaden

Immer wenn Sie dieses Zeichen im Buch sehen, gibt es für Sie ausgearbeitete Kopiervorlagen oder komplette PowerPoint-Präsentationen zum Downloaden. Alle Materialien finden Sie unter diesem Link:

www.neukirchener-verlage.de/zusatzmaterial
Passwort: Fertiglos

Präsentationen vorführen

Das Vorführen der PowerPoint-Präsentationen ist ganz einfach, auch für Neueinsteiger. Lediglich die Memorys und die animierten Punktevorlagen erfordern etwas Übung. Aber auch das lässt sich von Neueinsteigern gut bewältigen.

Zum Öffnen der Dateien brauchen Sie ein Präsentationsprogramm. Die Vorlagen sind jeweils in einer pptx-Datei abgespeichert und laufen problemlos unter dem Microsoftprogramm. Wenn Sie OpenOffice verwenden, kann es unter Umständen zu Problemen kommen.

Wenn sie noch kein entsprechendes Programm auf Ihrem Rechner installiert haben, können Sie LibreOffice kostenlos im Internet herunterladen. So können Sie die meisten Präsentationen (bis auf die Memorys und animierten Vorlagen) unkompliziert abspielen.

Zum Präsentieren verwenden Sie am besten die Pfeiltasten: Beim Drücken der rechten Pfeiltaste blättern Sie vorwärts, beim Drücken auf die linke Pfeiltaste blättern Sie zurück. Auf jeder einzelnen PowerPoint-Präsentation finden Sie nochmals detaillierte Informationen zum Vorgehen. Dort finden Sie auch jeweils die Spielregeln des Ratespiels.

Hier die einzelnen Schritte:

1. Speichern Sie die PowerPoint-Präsentation auf Ihrem Rechner oder Ihrem Laptop.
2. Öffnen Sie die PowerPoint-Präsentation und starten Sie die Bildschirm-Präsentation.
3. Navigieren Sie mit den Pfeiltasten vorwärts und rückwärts.

Viel Spaß beim Raten!

Wie schön, dass Du geboren bist!

Jeder hat einmal Geburtstag

Es gibt wenig Dinge, die alle Menschen aller Zeiten miteinander verbindet. Aber eines ist klar: Alle Menschen wurden einmal geboren. Dabei ist der Geburtstag auch der persönlichste Tag im Jahreslauf.

Als Christen vertrauen wir darauf, dass jeder einzelne Mensch von Gott gewollt und geliebt ist. „Du bist gewollt, Du bist geliebt, mit Deiner ganz individuellen Persönlichkeit, mit Deiner ganz speziellen Lebensgeschichte" – für diesen Zuspruch ist ganz besonders der Geburtstag die richtige Gelegenheit.

Dabei war es früher durchaus nicht bei allen Menschen üblich, an ihrem Geburtstag Gäste zu empfangen und Geschenke zu erhalten. Manche Ältere haben diesen Tag vielleicht ihr Leben lang noch nie gefeiert.

Umso wichtiger ist dieses Thema mit den Mut machenden Worten: „Wie schön, dass Du geboren bist!"

a. Jeder hat einmal Geburtstag – die Frage ist nur wann …?

 Zum Vorlesen

 Schriftliches Ratespiel, jeweils zu zweit oder dritt spielbar

 Kopiervorlage auch im Downloadbereich

Bei diesem Spiel geht es um die Frage der Zuordnung: Welche Person wurde wann geboren? Verteilen Sie nur so viele Rätselblätter und Stifte, dass immer kleine Gruppen zum Raten gebildet werden.

Als Vorlese-Spiel können Sie alternativ die Geburtsdaten (siehe Auflösung unten) jeweils auf einen Zettel schreiben und auf den Tischen verteilen. Lesen Sie dann die Namen der Personen vor und fragen, wer auf seinem Tisch den dazu passenden Datumszettel hat.

Auflösung:
7.3.1902 in Essen: Heinz Rühmann, Schauspieler, + 3.10.1994
23.12.1918 in Hamburg-Barmbek: Helmut Schmidt, Bundeskanzler, + 10.11.2015
16.4.1927 in Marktl: als Joseph Aloisius Ratzinger Papst Benedikt XVI., + 31.12.2022
5.8.1930 in USA: Neil Armstrong, Astronaut und erster Mensch auf dem Mond, + 25.8.2012
31.1.1946 in Wünschelburg, Schlesien: Wolfgang Stumph, Schauspieler
28.10.1955 in USA: Bill Gates, Mitgründer der Firma Microsoft
22.11.1967 in Leimen: Boris Becker, Tennisspieler
1.6.1973 in Bergisch Gladbach: Heidi Klum, Model
15.9.1984 in London: Prinz Harry, Sohn von König Charles III.
1.3.1994 in Kanada: Justin Bieber, Sänger

2000

1.3.1994

15.9.1984

1.6.1973

22.11.1967

28.10.1955

31.1.1946

5.8.1930

16.4.1927

23.12.1918

7.3.1902

1900

Wer ist wann geboren?

Bill Gates
Boris Becker
Heidi Klum
Heinz Rühmann
Helmut Schmidt
Justin Bieber
Neil Armstrong
Papst Benedikt XVI.
Prinz Harry
Wolfgang Stumph

b. Biblische Geburtstage

 Zum Vorlesen

Bei diesem „Mehr-Satz-Rätsel" sollten Sie nach jedem Satz eine deutliche Pause zum Nachdenken und zum Zurufen der möglichen Antworten machen. Vielleicht weiß jemand schon die richtige Antwort nach dem ersten oder zweiten Satz?

Wenn Sie merken, dass das Rätsel an einer Stelle nicht richtig verstanden wird oder zu schwer für Ihre Gruppe ist, dann helfen Sie mit ein paar Tipps weiter.

Nachdem die richtige Antwort gegeben wurde, lesen Sie am besten nochmals alle Sätze komplett vor. So kann jeder die einzelnen Aussagen mit der Lösung vor Augen nachvollziehen.

Suchen Sie sechs bis acht Fragen aus, die für Ihre Gruppe passen.

1. Die Geburt dieses Kindes fand unter ungünstigen Umständen statt.
   Seinen Geburtsort hatte das Kind einer Anordnung des Kaisers zu verdanken.
   Seinen Geburtstag selbst feiern seither Abermillionen von Menschen.
   Wer wurde geboren?
   Jesus, Eltern: Maria und Josef

2. Die beiden Eltern waren wie füreinander geschaffen.
   Allerdings störte ein sprechendes Reptil ihre traute Zweisamkeit.
   Erst an ihrem neuen, beschwerlichen Wohnort kam ihr erstes Kind zur Welt.
   Wie war sein Name?
   Kain, Eltern: Adam und Eva

3. Er wurde geboren als ein Kind von Zwangsarbeitern.
   Um ihn vor dem Tod zu bewahren, setzte seine Mutter ihn im Alter von drei Monaten aus.
   Er wurde gefunden und von einem Mitglied der Herrscherfamilie adoptiert.
   Wie ist der Name dieses Kindes?
   Mose, Eltern: Jochebed und Amram

4. Dieses alte Ehepaar hatte lange auf Kinder gewartet.
   Als ihr kleiner Sohn schließlich zur Welt kam, freuten sich die Nachbarn und Verwandten mit ihnen.
   Weil der Vater zu dieser Zeit nicht reden konnte, schrieb er den Namen des Kindes auf eine Tafel.
   Wie heißen die Familienmitglieder?
   Sohn Johannes, Eltern: Elisabeth und Zacharias

5. Sein Vater hatte Kinder von vier Frauen.
   Er selbst war der Jüngste und er hatte elf ältere Brüder.
   Seine Mutter starb tragischerweise bei seiner Geburt.
   Wie heißt das gesuchte Kind?
   Benjamin, Eltern: Jakob und Rahel

6. Auch diese Frau war lange unfruchtbar, bis sie endlich schwanger wurde.
   Und dann erwartete sie Zwillinge.
   Es waren zwei Söhne und ganz sicher waren sie zweieiig – so ungleich waren sie.
   Wie waren ihre Namen?
   Jakob und Esau, Eltern: Rebekka und Jakob

7. Der Vater war schon alt, die Mutter bereits jenseits der Menopause.
   Sie hatten keine gemeinsamen Kinder.

Und doch lag über ihnen die Verheißung, so viele Nachkommen zu bekommen wie Sterne am Himmel sind und Staub auf der Erde ist.
Wie hieß der Sohn, den sie schließlich bekamen?
Isaak, Eltern: Abraham und Sara

8. Sein älterer Bruder starb im Alter von sieben Tagen.
Dann wurde seine Mutter wieder schwanger.
Dieser Sohn ist bis heute für seine Weisheit bekannt.
Wie ist sein Name?
Salomo, Eltern: Batseba und David

9. Diese Frau war überaus traurig, keine eigenen Kinder zu haben.
Von der Zweitfrau ihres Mannes wurde sie wegen ihrer Kinderlosigkeit immer wieder gepiesackt.
Im Gebet erflehte sie ein Kind, das sie dann wieder dem Dienst für Gott widmen wollte.
Wie heißen die Mutter und der Sohn?
Hanna und Samuel, Vater: Elkana

10. Dieses kleine Kind wurde liebevoll von seiner Großmutter betreut.
Nach vielen familiären Trauerfällen war das Baby ein großes Geschenk für sie.
Die Mutter des Kindes war eine sehr liebevolle Frau, die eine der Stammmütter Jesu wurde.
Wie heißen das Kind, die Großmutter und die Mutter?
Obed, Großmutter: Naomi, Mutter: Ruth, Vater: Boas

c. „Dalli Klick“ – Heute wird was ausgepackt!

 PowerPoint-Präsentation steht im Downloadbereich bereit

Zum Geburtstag gehören Geschenke, die ausgepackt werden dürfen. Ganz ähnlich funktioniert dieses „Dalli Klick“-Ratespiel: Hier müssen Begriffe rund um das Thema „Geburtstag“ erraten werden. Zunächst sind diese Begriffe verdeckt. Die zu erratenden Bilder werden in mehreren Schritten aufgedeckt.

Machen Sie nach jedem Schritt eine kurze Pause und lassen Sie die Seniorenkreisler raten. Sollte die richtige Lösung schon nach wenigen Schritten gefunden werden, können Sie das jeweilige Bild zügig aufdecken, bis alles zu sehen ist.

Passend zum Thema „Geburtstag“ und „Geschenke“ sind in der PowerPoint-Präsentation die Flächen, die den jeweiligen Begriff verdecken, wie ein Geschenk mit einer großen Schleife gestaltet.

Die Handhabung der Präsentation und der Verlauf des Ratespiels sind völlig unkompliziert (siehe Seite 11) und auch für „Neueinsteiger“ gut geeignet.

Startbild der PowerPoint-Präsentation

Auflösung:

1. Blumenstrauß, **2.** Pralinen, **3.** Luftschlangen, **4.** Geschenk, **5.** Kerzen, **6.** Anzug, **7.** Kuchen, **8.** Storch bringt Baby, **9.** Serviette, **10.** Hütchen, **11.** Anstoßen, **12.** Girlanden, **13.** Kaffeetasse, **14.** Feuerwerk

d. Vorlesegeschichte: Die Haarklammern

Nicht für alle älteren Menschen war oder ist es selbstverständlich, Geburtstag zu feiern. Diese Erzählung kann als Gesprächsimpuls dienen, sich über die eigenen Geburtstags-Erfahrungen auszutauschen.

Als ich sieben Jahre alt war, hörte ich, wie meine Mutter einer ihrer Freundinnen erzählte, am folgenden Tag sei ihr dreißigster Geburtstag. Zwei Dinge fielen mir auf, als ich das vernahm: Erstens, mir war vorher nie klar geworden, dass auch meine Mutter Geburtstag hatte; und zweitens, ich konnte mich nicht erinnern, ihr je ein Geburtstagsgeschenk gemacht zu haben.

Nun, das konnte ich ändern. Ich ging in mein Zimmer, holte mein Sparschwein hervor und nahm alles Geld heraus, das ich darin gespart hatte. Fünfundzwanzig Cents. Das war mein Taschengeld von fünf Wochen. Damit ging ich zu dem kleinen Geschäft ganz in der Nähe unseres Hauses und teilte dem Besitzer Mr. Sawyer mit, ich wolle dafür ein Geburtstagsgeschenk für meine Mutter kaufen.

Er zeigte mir in seinem Geschäft alles, was für einen Vierteldollar zu haben war. Zum Beispiel mehrere Keramikfiguren, die meiner Mutter bestimmt gefallen hätten, aber sie hatte bereits das ganze Haus voll von diesen Dingern und ich musste sie jede Woche abstauben. Das war ganz eindeutig nicht das Richtige. Es gab auch mehrere kleine Schachteln mit Süßigkeiten. Meine Mutter war Diabetikerin und ich wusste, dass das auch nicht passend war.

Das Letzte, was Mr. Sawyer mir zeigte, war eine Schachtel mit Haarklammern. Meine Mutter hatte wunderschönes langes schwarzes Haar und zweimal in der Woche wusch sie es und drehte es auf. Wenn sie dann die Lockenwickler herausnahm, sah sie mit ihren wallenden schwarzen Locken aus wie ein Filmstar. Also beschloss ich, diese Haarklammern zu nehmen. Sie waren das perfekte Geschenk für meine Mutter. Ich gab Mr. Sawyer meine fünfundzwanzig Cents und er überreichte mir die Packung.

Ich nahm mein Geschenk mit nach Hause und wickelte es in ein buntes Blatt aus der Sonntagszeitung ein (für Geschenkpapier hatte ich kein Geld mehr). Am folgenden Morgen ging ich zu meiner Mutter, überreichte ihr das Päckchen und sagte: „Herzlichen Glückwunsch zum Geburtstag, Mama!"
Einen Augenblick lang saß meine Mutter wie betäubt da, dann riss sie mit Tränen in den Augen das Papier auf. Und als sie die Haarklammern herausholte, begann sie zu weinen. „Es tut mir so leid, Mama!", entschuldigte ich mich. „Ich wollte dich nicht zum Weinen bringen. Ich wollte dir nur einen schönen Geburtstag machen."
„Oh Liebes, ich bin glücklich!", erklärte sie mir. Ich sah ihr in die Augen und erkannte, dass sie unter Tränen lächelte. „Aber weißt du, das ist das erste Geburtstagsgeschenk, das ich je in meinem ganzen Leben bekommen habe." Dann küsste sie mich auf die Wange und sagte: „Vielen Dank, mein Schatz." Und an meine Schwester gewandt, meinte sie: „Sieh mal hier, Linda hat mir ein Geburtstagsgeschenk gemacht!" Dann lief sie zu meinem Vater und rief: „Sieh nur, Linda hat mir ein Geburtsgeschenk gemacht!" Schließlich zog sie sich ins Bad zurück, um ihre Haare zu waschen und sie mit Hilfe der neuen Haarklammern aufzudrehen. Nachdem sie den Raum verlassen hatte, sah mein Vater mich an und sagte: „Linda, als ich damals an der Grenze aufwuchs (mein Vater nannte seine Heimatstadt in den Bergen Virginias immer die *Grenze)*, war es nicht üblich, Erwachsenen Geburtstagsgeschenke zu machen. Das war nur etwas für die Kinder. Und die Familie deiner Mama war so arm, dass sie sich nicht einmal das leisten konnte. Aber wenn ich sehe, wie sehr sich deine Mama über dein Geburtstagsgeschenk gefreut hat, dann muss ich dieses ganze Geburtstagsthema doch noch einmal überdenken. Was ich sagen möchte, Linda, ist, dass ich glaube, du hast heute in unserer Familie einen Präzedenzfall geschaffen."
Und so war es auch tatsächlich. Danach wurde meine Mutter jedes Jahr mit Geburtstagsgeschenken überhäuft: von meiner

Schwester, meinen Brüdern, meinem Vater und von mir. Und natürlich war es so, dass die Geschenke, je älter wir Kinder wurden und je mehr Geld wir verdienten, immer schöner wurden. Als ich fünfundzwanzig war, hatte ich ihr bereits eine Stereoanlage, ein Farbfernsehgerät und eine Mikrowelle geschenkt (die sie allerdings gegen einen Staubsauger umtauschte).
Zum fünfzigsten Geburtstag meiner Mutter legten meine Geschwister und ich zusammen und kauften ihr etwas wirklich Spektakuläres: Einen Ring mit einer von Diamanten umgebenen Perle. Und als mein ältester Bruder ihr auf dem Fest, das ihr zu Ehren gegeben wurde, das Päckchen überreichte, öffnete sie das Samtschächtelchen und betrachtete den Ring. Dann lächelte sie und drehte die Schachtel herum, damit auch ihre Gäste ihr ganz besonderes Geschenk betrachten konnten.
„Habe ich nicht wundervolle Kinder?“, sagte sie. Dann ließ sie den Ring herumgehen und es war aufregend, die erstaunten Ausrufe zu hören, während der Ring von Hand zu Hand weitergereicht wurde.
Nachdem die Gäste fort waren, blieb ich noch, um beim Aufräumen zu helfen. Als ich gerade in der Küche das Geschirr spülte, hörte ich ein Gespräch zwischen meinen Eltern im angrenzenden Zimmer. „Nun, Pauline“, sagte mein Vater, „das ist wirklich ein schöner Ring, den die Kinder dir geschenkt haben. Ich schätze, das ist das schönste Geburtstagsgeschenk, das du je bekommen hast.“
Meine Augen füllten sich mit Tränen, als ich ihre Antwort darauf hörte. „Ted“, meinte sie leise, „das ist wirklich ein sehr schöner Ring. Aber das schönste Geburtstagsgeschenk, das ich je bekommen habe? Das war eine Schachtel mit Haarklammern.“

Linda Goodman[1]

---

1 Aus: Alice Gray (Hrsg.), Eine Kerze für Sarah und andere Geschichten, die das Herz berühren, Asslar 2002: Gerth Medien GmbH, S. 153-155.

e. Gesprächsimpulse

- Wie wurden in Ihrer Kindheit die Geburtstage von Kindern gefeiert?
- Was ist Ihnen bei Ihrer eigenen Geburtstagsfeier besonders wichtig?
- Welchen besonderen Geburtstagswunsch haben Sie für Ihren diesjährigen Geburtstag?
- Erinnern Sie sich an ein besonders schönes Geburtstagserlebnis?
- Wie erging es Ihnen mit Ihrem Geburtstag in der Coronazeit?
- Falls es für Sie nicht zu indiskret ist: Wissen Sie etwas darüber, wie Sie geboren wurden?

f. Kunterbunte Tipps

Banderolen für Schokoladetafeln in vier Versionen zum Downloaden

- Eine schöne, fröhliche Dekoration passt zum Thema.
- Vielleicht bieten Sie eine richtige Geburtstagstorte an, mitsamt Kerzen? Jeder bekommt zum Kaffeetrinken ein kleines Stück von diesem besonderen Kuchen.
- Ein besonderes Mitgebsel ist eine Tafel Schokolade, die statt in ein Geschenkpapier in eine Art Banderole eingewickelt ist. Die Banderole ist etwa 16 x 20 cm groß und im Downloadbereich zu finden. Es gibt vier Vorlagen zum Ausdrucken: jeweils ein Motiv in blau, lila, grün und mit Katzen. Auf allen finden sich die Worte: „Wie schön, dass Du geboren bist …“. Sie können das Textfeld in dem jeweiligen Word-Dokument bearbeiten und den Text verändern oder individuell ergänzen.

g. Angedacht

Es war vor einigen Jahren auf einem kleinen Weihnachtsmarkt. Verschiedene Stände gab es dort. Einer davon gehörte zu einer Gruppe von Frauen, die sich regelmäßig zum gemeinsamen Stricken trafen. Neben verschiedenen Strickartikeln entdeckte ich eine Geburtstagskarte. Sie sprach mich sofort an, denn sie war äußerst liebevoll gestaltet: ein Mini-Strickstück mitsamt Stricknadeln aus Zahnstochern war darauf befestigt. Und als besonderes Highlight waren auf der Karte passende Gedanken abgedruckt mit der Überschrift: „Wir stricken an unserem Leben täglich weiter ..."

Natürlich habe ich die Karte gekauft. Und ich habe sie noch lange als besonderen Schatz in meinem Kartenvorrat aufbewahrt, bis ich sie schließlich doch an einen lieben Menschen verschenkt habe. –

Einmal im Jahr hat jeder Mensch Geburtstag. Es ist ein ganz persönlicher Festtag. Und es ist ein Tag, der auch immer wieder Anlass ist, sich Gedanken über das Leben zu machen. Das fängt schon bei den Glückwunschkarten und Telefonanrufen an. Da bekommt man für das neue Lebensjahr die unterschiedlichsten Wünsche von Freunden und Bekannten – mal klug, mal lustig, mal rührend, mal tiefsinnig.

Und für manches „Geburtstagskind" ist der Tag ein Anlass, auch selbst zurückzublicken – auf das vergangene Lebensjahr, vielleicht auch auf das zurückliegende Leben überhaupt. Vielleicht nachdenklich, vielleicht wehmütig, vielleicht zufrieden oder dankbar.

Wer auf einige Jahrzehnte Leben zurückblicken darf, der hat schon allerhand erlebt. Schönes und Gutes, Leichtes und Schweres. Vieles ist gelungen, manches ging vielleicht auch schief. Es gab ebene Wege, steinige Berge oder Sackgassen. –

Viele solcher Vergleiche kann man ziehen, wenn man das Leben beschreiben will.

Einen dieser Vergleiche fand ich auf der Karte mit dem kleinen Strickzeug. Hier wird das Leben mit einem Strickzeug verglichen. Die Worte leben von der Hoffnung, dass unser Leben Sinn macht, dass es gehalten wird und dass wir alle einzigartige, wertvolle Menschen sind.

Das „Gedicht“ ist in verschiedenen Versionen bekannt. Eine davon lautet so:

Wir stricken an unserem Leben täglich ein Stück weiter …

Oft ist das komplizierte Muster vorgegeben und muss mit viel Konzentration bewältigt werden. Manche Strecken werden mühelos und freudig geschafft. Freundliche Farben, auch bunt gemischt, wechseln mit grauen ab. Auch die Qualität wechselt: mal flauschig, mal hart und kratzig.

Es kommt vor, dass Maschen von der Nadel fallen, manchmal aus Versehen. Dann entstehen plötzlich viele Löcher und das Muster wird unvollständig. Es kann sein, dass der Faden reißt und neu angesetzt werden muss. Wir kennen das: neu anfangen! Und es kann vorkommen, dass wir das Strickzeug in die Ecke werfen – um es später dann doch wieder hervorzuholen.

Es wird für uns immer ein Geheimnis bleiben, wie viel Lebensfaden noch zu verstricken bleibt.

Wir haben die Nadel in unserer Hand. Technik, Muster und Werkzeug können wir wechseln.

Am Ende wird ein wertvolles Strickstück entstehen, deshalb wollen wir mutig weiter stricken.[2]

Das Thema heute Nachmittag lautete: „Wie schön, dass Du geboren bist!“ – „Wie schön, dass Sie, dass wir alle geboren sind!“

Von Gott gewollt und geliebt. Und in seinen Händen geborgen. Egal, welches Strickmuster unser Leben hat.

---

[2] Nach Kristiane Allert-Wybranietz: Trotz alledem. Verschenktexte. Fellbach 1980: Lucy Körner Verlag, S. 53.

Danke für die Blumen!

Einladung zu einem blühenden Nachmittag

Was gibt es nicht alles für Blumen! Was für eine Pracht an Farben, Formen und Düften!

Blumen sprechen unser Herz an. Ihre Schönheit lässt uns Staunen über Gottes wunderbare Schöpfung. Blumen machen unser Leben hell und freundlich.

Ein wunderbares Thema, das viele Assoziationen wecken kann.

a. Kennen Sie diese Blumen?

 Zum Vorlesen

 Schriftliches Ratespiel für Zweier- oder Dreiergruppen

 Kopiervorlage auch im Downloadbereich

Bei diesem Ratespiel geht es um Blumennamen. Bei den Umschreibungen muss man „um die Ecke denken".

Welche Blumen sind gemeint?

1. Teil des Gebisses beim König der Löwen	
2. Fußbedeckung, aber nicht für Männer	
3. Nähutensil, das den Finger vor Verletzungen durch eine Nadel schützt	
4. Wunsch in unzähligen Poesiealben	
5. läutet mitten im weißen Winter	
6. die Königin der Blumen inmitten von H_2o	
7. kann entgegen ihres Namens keine Türen öffnen	
8. Kopfbedeckung für den höchsten adeligen Herrscher	
9. Blume, die nach einem Gestirn genannt ist	
10. Blume mit einem Geflügel-Namen	
11. Kopfbedeckung aus einem sehr schweren und unbequemem Material	
12. stachelige Blume, wertvoll, aber nicht golden	
13. Blume eines menschlichen Organs	
14. der Name ähnelt dem Vornamen einer ehemaligen Premierministerin in Großbritannien	
15. Teil des Sehorgans	
16. eine riesige Ansammlung von Bäumen verbunden mit einem Menschen, der seine Ausbildung erfolgreich abgeschlossen hat	

Grafik: https://pixabay.com/de/illustrations/retro-blumen-blatt-blume-jahrgang-4485691/

1. Teil des Gebisses beim König der Tiere
   Löwenzahn

2. Fußbedeckung, aber nicht für Männer
   Frauenschuh

3. Nähutensil, das den Finger vor Verletzungen durch eine Nadel schützt
   Fingerhut

4. Wunsch in unzähligen Poesiealben
   Vergissmeinnicht

5. Läutet mitten im weißen Winter
   Schneeglöckchen

6. Die Königin der Blumen inmitten von H_2o
   Seerose

7. Kann entgegen ihrem Namen keine Türen öffnen
   Schlüsselblume

8. Kopfbedeckung für den höchsten adeligen Herrscher
   Kaiserkrone

9. Blume, die nach einem Gestirn benannt ist
   Sonnenblume

10. Blume mit einem Geflügel-Namen
    Gänseblümchen

11. Kopfbedeckung aus sehr schwerem und unbequemem Material
    Eisenhut

12. Stachelige Blume, wertvoll, aber nicht golden
    Silberdistel

13. Blume eines menschlichen Organs
    Leberblümchen

14. Der Name ähnelt dem Vornamen einer ehemaligen Premierministerin in Großbritannien
    Margerite

15. Teil des Sehorgans
    Iris

16. Eine riesige Ansammlung von Bäumen verbunden mit einem Menschen, der seine Ausbildungsjahre erfolgreich abgeschlossen hat
    Waldmeister

b. Ein bunter Blumenstrauß – Gedächtnistraining mit wundervollen Blüten

Auf Zuruf
Plakat oder Einzelblätter notwendig

Dieses Ratespiel ist eine Form von „Gedächtnistraining“. Es geht darum, möglichst viele verschiedene Blumennamen zusammenzutragen. Doch statt die Seniorenkreisler nur einfach abzufragen, welche Blumen sie kennen, wird die Aufgabe in eine spielerische Form gepackt. Schreiben Sie neun Blumennamen auf ein großes Plakat. Dann decken Sie die Namen mit einzelnen Zetteln ab. Nummerieren Sie die Zettel von 1 bis 9. Hängen Sie das Plakat für alle gut sichtbar vorne auf.

Jetzt gilt es zu erraten: Welche Blumennamen verbergen sich hinter den Zetteln? Wird ein Name erraten, dann wird der entsprechende Zettel aufgedeckt. Jeder darf mitraten und Blumennamen nennen.

Mischen Sie bekanntere und unbekanntere Blumen auf Ihrer Vorlage nach dem Kenntnisstand Ihrer Gruppe. Wenn Sie nur sehr bekannte Blumennamen verwenden, dann ist das Ratespiel zu schnell beendet. Nehmen Sie zu viele schwere und unbekannte Namen, dann wird das Ganze sehr zäh. Also: Die Mischung macht's! Sollten die letzten zwei, drei Blumen zum Erraten zu schwer sein, dann helfen Sie mit ein paar Tipps.

Das Besondere bei diesem Rätsel: Es gibt keinerlei Anhaltspunkte, welche Namen unter den Zetteln versteckt sind. Man muss ins Blaue hinein raten. Dabei geht man in Gedanken sämtliche Blumennamen durch, die einem bekannt sind. Dieses Rätsel ist also ein spielerisches Gedächtnistraining.

Alternative Spielweise: Schreiben Sie die neun Blumennamen auf Din-A4-Blätter (oder nehmen Sie Fotos der entsprechenden Blumen). Die Blätter bekommen nun neun Personen, jeder eines – zum Beispiel Mitarbeiter des Nachmittages, Jungscharkinder auf Besuch im Seniorenkreis o. ä. Die Personen mit ihrem Blumennamen-Blatt stellen sich mit dem Rücken zum Publikum. Wird dann beim Raten ihre Blume genannt, dann drehen sie sich um und zeigen ihr Lösungsblatt. – Achten Sie dann darauf, dass die letzten zwei oder drei Personen nicht mehr zu lange alleine mit dem Rücken zum Publikum stehen müssen.

Der abgedruckte Vorschlag eignet sich für eine Gruppe mit durchschnittlichen Kenntnissen.

Rose	Seidelbast	Tulpe
Krokus	Königskerze	Edelweiß
Akelei	Schafgarbe	Tagetes

Mögliche Blumennamen:
Acker-Witwenblume, Adonisröschen, Akelei, Alpenveilchen, Anemone, Astern, Azalee, Bechermalve, Blaustern, Christrose, Chrysantheme, Dahlie, Edelweiß, Ehrenpreis, Eisenhut, Enzian, Erika, Fetthenne, Fingerhut, Fleißiges Lieschen, Frauenmantel, Freesie, Frühlingslichtblume, Gänseblümchen, Geranie, Gerbera, Gladiole, Goldlack, Goldstern, Hahnenfuß, Herbstzeitlose, Hornklee, Hyazinthe, Iris, Kaiserkrone, Kamille, Kapuzinerkresse, Klatschmohn, Königskerze, Kornblume, Krokus, Lavendel, Lerchensporn, Lilie, Lungenkraut, Mädchenauge, Maiglöckchen, Margerite, Narzisse, Nelke, Pfingstrose, Primel, Ringelblume, Rittersporn, Rose, Roter Lein, Schafgarbe, Scharbockskraut, Schlüsselblume, Schneeglöckchen, Seerose, Seidelbast, Silberdistel, Soldanelle, Sonnenblume, Sonnenhut, Stiefmütterchen, Stockrose, Storchschnabel, Sumpfdotterblume, Tagetes, Taubnessel, Traubenhyazinthe, Tulpe, Türkenbund, Veilchen, Waldmeister, Wicke, Wiesensalbei, Wiesenschaumkraut, Winterlinge, Zinnien

c. Blumenbingo

PowerPoint-Präsentation im Downloadbereich, zusätzlich finden Sie dort zehn unterschiedliche farbige Tippzettel zum Ausdrucken

Bingo ist ein sehr beliebtes Spiel bei Älteren. Man kann es in verschiedenen Versionen spielen. Dieses hier vorliegende „Blumenbingo" arbeitet mit 50 Fotos. Die Tippzettel haben ein 4x4-Raster – auf jedem Tippzettel befinden sich also 16 Fotos.

Im Downloadbereich finden Sie zehn unterschiedliche Tippzettel. Drucken Sie für jeden Seniorenkreisler einen Tippzettel aus. Wenn Sie mehr als zehn Teilnehmer haben, dann gibt es eben manchen Tippzettel doppelt oder dreifach – aber das ist nicht weiter schlimm. Es geht bei dem Spiel ja um den Spaß und nicht um bierernste Gewinnchancen …

Ablauf: Jeder Seniorenkreisler erhält einen Tippzettel und einen Stift. Dann werden mit einer PowerPoint-Präsentation nacheinander die Bilder rund um das Thema „Blumen" gezeigt. Bei jedem projizierten Bild müssen die Spieler schauen: Befindet sich das Bild auf meinem Tippzettel? Wenn ja, wird das entsprechende Feld mit dem Bild durchgestrichen. Wer vier durchgestrichene Felder in waagrechter oder senkrechter Richtung hat, ruft „Bingo" und hat gewonnen. (Es empfiehlt sich aber weiterzuspielen, um auch den zweiten, dritten usw. Gewinner zu ermitteln und um schließlich alle Bilder zu sehen ...)

Die Reihenfolge der Bilder in der PowerPoint-Präsentation ist bereits festgelegt und so optimiert, dass die erste Viererreihe erst nach 32 Bildern vollständig wird. Wenn Sie das Spiel gleich anschließend mit einem anderen Ablauf wiederholen oder generell mehr dem Zufall überlassen möchten, können Sie einfach die Bilder auf der PowerPoint-Präsentation verschieben.

Tippzettel 10

d. Vorlesegeschichte: Osterblüten blühen weiter

Kopiervorlagen für Blüten hier im Buch oder im Downloadbereich

Zwei Wochen vor Ostern in der Corona-Zeit.
In meiner ehrenamtlichen Rolle als Kindergottesdienst-Mitarbeiterin mache ich mir Gedanken, wie ich den Kindern des Kindergottesdienstes zu Ostern eine Überraschung in die Briefkästen der Familien werfen kann.
Ich hab's. Vor vielen Jahren hatten wir Blüten kopiert, auf denen in der Mitte die Osterbotschaft zu lesen war: „Weißt du, was an Ostern ist geschehn? Da ließ Gott Jesus auferstehn, hat ihn uns neu gegeben, damit wir mit ihm leben." Das Besondere an diesen Blüten ist, dass, wenn sie ausgeschnitten und an den Blütenecken eingeknickt werden, sie sich langsam wieder öffnen, wenn man sie in eine mit Wasser gefüllte Schale legt.
Mitten in die Vorbereitung für diese Aktion klingelt es an unserer Tür. Eine Nachbarin, die einige Zeit im Krankenhaus war und nun wieder zu Hause ist, hat Lust auf ein Schwätzchen – trotz und inmitten von Corona. Ich bitte sie herein – auf Abstand natürlich. Auf meinem Wohnzimmertisch sieht sie die Blüten liegen. Ich erkläre ihr, was es damit auf sich hat, frage mich dann selbst sicherheitshalber, ob auch alles so funktioniert, wie gedacht. Ich schneide eine Blüte aus, knicke die Ecken ein und hole eine Schale mit Wasser. Dann lege ich die Osterblüte auf das Wasser. Gemeinsam schauen wir, wie sich die Blüte langsam öffnet, und die Osterbotschaft zu lesen ist. Unsere Nachbarin ist begeistert. Ich gebe ihr ein Blatt mit kopierten Blüten mit. Sie will es ausprobieren.
Einen Tag später ruft sie abends an: „Es hat auch bei mir geklappt!"
Ich freue mich und bin mir nun meiner Aktion für die Kindergottesdienst-Kinder sicher. „Aber was mache ich nun mit den anderen Blüten auf dem kopierten Blatt", fragt unsere Nachbarin.

Mir fällt ein: „Schenken Sie anderen auch eine Osterblüte." Sofort nennt meine Nachbarin zwei Menschen, die neben ihr wohnen und zu denen sie guten Kontakt hat. Ich freue mich mit! Die Osterblüten werden also weiter blühen. Und die Begeisterung in der Stimme unserer Nachbarin an diesem Abend dieser besonderen Zeit werde ich nie vergessen: „Bei mir hat es auch geklappt!"

Gardis Jacobus-Schoof, Boxberg[3]

Bastelvorlage:
Kopieren Sie aus dem Buch oder von der Vorlage im Downloadbereich für jeden Seniorenkreisler eine Blüte auf buntes Papier. Der Durchmesser des inneren Kreises sollte etwa 6 cm betragen. In den inneren Kreis können Sie gute Wünsche schreiben. Die Blütenblätter werden nach innen gefaltet und „erblühen", wenn man sie in eine Schale mit Wasser legt.

[3] Aus: Geschichten aus der Corona-Zeit, Zum Nachdenken, Schmunzeln, Vorlesen, Weitergeben und ins Gespräch kommen, hg. von der Landesstelle für Evangelische Erwachsenen- und Familienbildung in Baden, Blumenstraße 1, 776133 Karlsruhe, https://www.ekiba.de/media/download/integration/303033/geschichten_aus_der_corona_zeit.pdf , abgerufen am 17.08.21, S. 30.

e. Gesprächsimpulse

- Welches ist Ihre persönliche Lieblingsblume?
- Erinnern Sie sich an ein besonderes Erlebnis im Zusammenhang mit Blumen?
- Erinnern Sie sich an den ersten Blumenstrauß, den Sie von einem Verehrer bekommen haben?
- Wie war es, als Sie das erste Mal für eine Liebste, einen Liebsten einen Strauß gekauft haben?
- Haben Sie einen Verwandten, eine Bekannte mit einer „Blume“ im Namen?
- Welche „Blumen“ können Sie als heilwirksame Pflanzen empfehlen?

f. Kunterbunte Tipps

- Dieses Thema lebt natürlich davon, auch unterschiedlichste Blumen zu dekorieren. Ein Ersatz für reale Blumen können Fotos sein.
- Es gibt Marmeladen und Gelees aus Blumenblüten (z. B. Veilchen, Löwenzahn, Rosen, Flieder, Gänseblümchen). Bieten Sie an diesem Nachmittag Brote mit Blumenmarmelade an. (Gibt es u. a. im Internet zu kaufen.)
- Stecken Sie sich als Mitarbeitende Blumen ins Knopfloch oder an die Bluse.
- Schenken Sie jedem Seniorenkreisler zum Abschluss eine Blume.

g. Angedacht

Welches Kirchenlied könnte zum Thema „Blumen“ besser passen als „Geh aus, mein Herz, und suche Freud“? Sie kennen es sicher alle. Wir singen nachher gleich einige Verse. Was für ein schönes, lebensbejahendes Lied.

Darin heißt es:

„Geh aus, mein Herz, und suche Freud in dieser lieben Sommerzeit an deines Gottes Gaben; schau an der schönen Gärten Zier, und siehe, wie sie mir und dir sich ausgeschmücket haben.

Die Bäume stehen voller Laub, das Erdreich decket seinen Staub mit einem grünen Kleide; Narzissus und die Tulipan, die ziehen sich viel schöner an als Salominis Seide.

Die Glucke führt ihr Völklein aus, der Storch baut und bewohnt sein Haus, das Schwälblein speist die Jungen, der schnelle Hirsch, das leichte Reh ist froh und kommt aus seiner Höh ins tiefe Gras gesprungen.

Die unverdrossne Bienenschar fliegt hin und her, sucht hier und da ihr edle Honigspeise; des süßen Weinstocks starker Saft bringt täglich neue Stärk und Kraft in seinem schwachen Reise."

Was für ein schönes Gemälde, das uns der Liederdichter Paul Gerhard hier vor Augen malt.

Das ist eine Kurzanleitung, wie ein bisschen mehr Lebensfreude in unseren Alltag kommen kann. Es ist eine Kurzanleitung zum Glücklichsein, gerade auch beim Älterwerden.

„Geh aus", heißt es da – rausgehen, ganz wörtlich, aus seinen vier Wänden. Hinaus in die Natur. Wie viel Schönes gibt es da zu entdecken. Die vielen Blumen sind da schon eine wundervolle Welt für sich. Rausgehen aber auch, um Kultur und Musik zu genießen. Und dann vor allem auch Rausgehen, um uns mit anderen zu treffen. Wie wichtig das ist und wie sehr es uns fehlt, wenn es nicht geht, das haben wir in der Corona-Zeit erlebt.

„Geh aus" „und *„suche Freud"* – Freude muss man tatsächlich manches Mal suchen.

Nicht immer fliegt sie uns so einfach zu. Wir müssen uns manchmal darum mühen.

Aber wenn wir die Augen aufmachen, können wir auch immer wieder Sachen zum Freuen finden.

Dann nämlich, wenn wir *„unser Herz"* öffnen für das Gute und Schöne, das es in jedem Leben gibt. Wer sich an den guten und schönen Dingen des Lebens erfreut, auch gerade an den kleinen Dingen, dessen Herz wird fröhlicher und dankbarer. Und dazu gehören ganz sicher auch die Blumen.

„Geh aus, mein Herz, und suche Freud" – auch in der Herbst- und Winterzeit unseres Lebens.

Rausgehen, Freude suchen und im Herzen offen sein für das Gute und Schöne im Leben – das wünsche ich Ihnen, das wünsche ich uns allen, dass uns das immer wieder gelingt.

Mit freundlichen Grüßen

Briefeschreiben früher und heute

Briefe haben eine sehr lange Tradition. Unzählige Generationen von Menschen über die ganze Erde haben diese Art der Kommunikation genutzt. Auch heute haben der Briefträger und die Briefträgerin jeden Tag noch Abertausende von Sendungen zuzustellen.

Ältere Menschen können auf vielfältige und oft intensive „Brieferfahrungen“ zurückgreifen. Denn vor Handy, Internet und Telefonflatrate war der handschriftliche Brief mit persönlichen Mitteilungen eine zentrale Form der Kommunikation. Viele Menschen haben die Briefe ihrer Familienangehörigen oder Freunde bis heute aufbewahrt. Ein besonderer Schatz sind – neben den Liebesbriefen – die Briefe der Eltern oder Großeltern aus der Kriegszeit.

a. Berühmte Briefeschreiber – Wer schrieb diese Briefe?

 Zum Vorlesen

Das Ratespiel besteht aus längeren Ausschnitten aus Briefen von berühmten Personen. Suchen Sie drei oder vier Briefe aus, die zu Ihren Seniorenkreislern passen.

Sie können mehrere Briefe als ein kompaktes Ratespiel vorlesen oder über den Nachmittag verstreut immer wieder einzeln einfügen.

Machen Sie beim Vorlesen immer wieder eine kurze Pause zum Nachfragen: Vielleicht weiß jemand die Antwort schon nach wenigen Sätzen? Wenn die richtige Antwort gegeben wurde, lesen Sie den restlichen Brieftext vor und geben Sie noch ein paar Hintergrundinfos dazu.

1. Brief:

25. Mai 2013
Lieber Herr Heynckes, liebe Mannschaft von Bayern München,
was für ein Fußballfest, das wir eben erleben durften: Zwei großartige deutsche Vereinsmannschaften spielen im Champions-League-Finale, zudem noch im Wembley-Stadion! Es war ein mitreißendes Spiel, in dem Sie alle die hohe Qualität des deutschen Fußballs vor internationaler Kulisse eindrucksvoll unter Beweis gestellt haben.
Ich gratuliere Ihnen herzlich zu Ihrem heutigen Erfolg! …
Lieber Herr Klopp, liebe Mannschaft von Borussia Dortmund,
was für ein Fußballfest, das wir eben erleben durften … Es war ein mitreißendes Spiel, in dem Sie alle die hohe Qualität des deutschen Fußballs vor internationaler Kulisse eindrucksvoll unter Beweis gestellt haben.
Ich kann mir vorstellen, wie enttäuscht Sie jetzt sind. …
Lassen Sie sich aber sagen: Sie haben eine großartige Saison auf nationaler und europäischer Ebene gespielt und haben in beeindruckender Weise dazu beigetragen, dass der deutsche Fußball in dieser Saison weit über unser Land hinaus die Menschen begeistert hat.

Mit freundlichen Grüßen
?
Joachim Gauck, Präsident der Bundesrepublik Deutschland[4]

---

[4] Textausschnitte des Briefes stammen von: https://www.bundespraesident.de/SharedDocs/Pressemitteilungen/DE/2013/05/130525-Champions-League.html, abgerufen am 25.02.2021.

Hintergrundinfo: Anlass war das Champions-League-Finale, in dem zum ersten Mal bei diesem Wettbewerb zwei deutsche Mannschaften im Endspiel aufeinandertrafen. Bayern München gewann 2:1.

2. Brief:

2. April 1955
An das Direktorium des Schweizerischen Roten Kreuzes, Taubenstraße 8, Bern

Lieber Herr Prof. v. Albertini, lieber Dr. Hans Haug!

Verzeihen Sie, bitte, dass ich Ihnen so spät schreibe. Wie Sie wohl von meiner Nichte ... erfahren haben, habe ich mir bei meiner Ankunft in Afrika, Ende 1951, auch einen Unfall, eine schwere Zerrung des rechten Knies zugezogen. Sie nötigte mich durch eine Reihe von Wochen möglichst ausgestreckt zu liegen. Dadurch ist meine große Korrespondenz zu einem Chaos geworden ....
Ich danke Ihnen für Ihre lieben Wünsche zu meinem 80. Geburtstag. Ach, der Arbeit nach, die ich zu leisten habe, sollte es der 30. sein. ...
Ich danke dem Schweizerischen Roten Kreuze, dass es mir eine so große Gabe für mein Spital zukommen lässt. Wie viel habe ich der Schweiz zu verdanken! Sie war es, die es mir ermöglicht hat, nach dem ersten Kriege nach Lambarene zurückzukehren, um mein Spital wieder aufzubauen und weiterzuführen. ...

Nochmals tausend Dank. Mit bestem Gedenken
Ihr ergebener
?

Albert Schweitzer[5]

Hintergrundinfo: Albert Schweitzer (14.1.1875–4.9.1965) war u. a. Arzt, evangelischer Theologe und Friedensnobelpreisträger. Er gründete 1913 in Lambarene im heutigen Gabun ein Urwaldhospital.

3. Brief:

18. August 1961
Sehr geehrter Herr Bürgermeister Brandt!

Ich habe Ihr persönliches, inoffizielles Schreiben vom 16. August sehr sorgfältig gelesen und möchte Ihnen danken. In diesen Tagen, die uns auf die Probe stellen, ist es für uns wichtig, in engem Kontakt zu stehen. Deshalb schicke ich Ihnen meine Antwort durch den Vizepräsidenten Johnson. Er kommt zusammen mit General Clay, der den Berlinern wohlbekannt ist. Beide sind von mir autorisiert, unser Problem mit Ihnen in aller Offenheit zu besprechen. ...
Nach sorgfältiger Überlegung habe ich selbst beschlossen, dass die beste Sofortreaktion eine wesentliche Verstärkung der westlichen Garnisonen ist. ...
Zugleich – und das ist von grundsätzlich größerer Bedeutung – werden wir die umfassende Erhöhung der militärischen Stärke des Westens, die wir beschlossen und als notwendige Reaktion auf die langfristige sowjetische Bedrohung Berlins und von uns allen betrachten, fortsetzen und beschleunigen. ...

---

5 Textausschnitte des Briefes von Albert Schweitzer stammen von: https://www.e-periodica.ch/digbib/view?pid=acd-003%3A1955%3A64%3A%3A134#159, Schreibweise an neue deutsche Rechtschreibung angepasst, abgerufen am 25.02.2021.

Es ist meine eigene Zuversicht, dass wir auch weiterhin uns in der Zukunft so sicher aufeinander verlassen können, wie wir es in der Vergangenheit getan haben.

Mit warmherzigen Grüßen
Hochachtungsvoll
?

John Kennedy[6]

Hintergrundinfo: Der 13.8.1963 gilt als der „Tag des Mauerbaus". In diesem Zusammenhang wurde die innerdeutsche Grenze von der Seite der DDR her geschlossen.

4. Brief:

Ein Brief an Alfred Hitchcock, 18. Juni 1962
Lieber Hitch, es zerreißt mir das Herz, das Filmprojekt aufgeben zu müssen. Ich hatte mich sehr auf die Mitwirkung und insbesondere auf die erneute Zusammenarbeit mit Dir gefreut. Beim nächsten Treffen werde ich Dir persönlich die vielen Beweggründe erklären, was in einem Brief oder über Dritte schwierig ist. Schade, dass es so kommen musste, ich bedauere es sehr. Lieber Hitch, danke für Dein Verständnis und Deine Unterstützung, ich enttäusche Dich nur ungern. Außerdem ist mir die Tatsache zuwider, dass viele andere ‚Rindviecher' die Rolle vermutlich ebenso gut spielen können. Trotzdem hoffe ich, eine Deiner ‚heiligen Kühe' zu bleiben.
?

---

[6] Textausschnitte des Briefes stammen von: https://www.chronik-der-mauer.de/material/178788/brief-des-amerikanischen-praesidenten-john-f-kennedy-an-den-regierenden-buergermeister-von-west-berlin-willy-brandt-18-august-1961, abgerufen am 25.02.2021.

Fürstin Gracia Patricia von Monaco[7]

Hintergrundinfo: Fürstin Gracia Patricia von Monaco (12.11.1929–14.9.1982, geboren als Grace Patricia Kelly) war vor ihrer Hochzeit mit Fürst Rainier III. im Jahr 1956 eine erfolgreiche Schauspielerin und Oscarpreisträgerin. In den Jahren 1950–1956 drehte sie 11 Spielfilme und viele Fernsehproduktionen. Drei Filme drehte sie mit dem Regisseur Alfred Hitchcock, darunter „Das Fenster zum Hof" mit James Stewart. Den Plan von 1962, bei Alfred Hitchcocks Film „Marnie" mitzuspielen, musste Gracia Patricia aufgrund öffentlichen Drucks aufgeben. Die Rolle der Marnie übernahm später Tippi Hedren.

5. Brief:

24. Mai 2018
Sehr geehrter Herr Vorsitzender,

wir schätzen Ihre Zeit, Geduld und Mühe in Bezug auf unsere kürzlichen Verhandlungen und Diskussionen im Zusammenhang mit einem Gipfel, den beide Seiten lange angestrebt haben und der am 12. Juni in Singapur stattfinden sollte. Uns wurde mitgeteilt, dass das Treffen von Nordkorea beantragt wurde, aber das ist für uns völlig irrelevant. Ich hatte mich sehr darauf gefreut, mit Ihnen dort zu sein. Leider halte ich es aufgrund des enormen Zorns und der offenen Feindseligkeit, die in Ihrer jüngsten Erklärung an den Tag gelegt wurden, für unangemessen, dieses lang geplante Treffen derzeit abzuhalten. …
Ich hatte das Gefühl, dass zwischen Ihnen und mir ein wunderbarer Dialog entstand, und letztendlich ist es nur dieser Dialog, der zählt. Ich freue mich sehr darauf, Sie eines Tages zu treffen.

---

7 Textausschnitte des Briefes stammen von: https://de.wikipedia.org/wiki/Grace_Kelly, abgerufen am 01.03.2021.

In der Zwischenzeit möchte ich Ihnen für die Freilassung der Geiseln danken, die nun zu Hause bei ihren Familien sind. Das war eine schöne Geste, die sehr begrüßt wurde.

Wenn Sie Ihre Meinung zu diesem äußerst wichtigen Gipfel ändern, zögern Sie bitte nicht, mich anzurufen oder mir zu schreiben. Die Welt und insbesondere Nordkorea haben eine große Chance für dauerhaften Frieden, großen Wohlstand und Reichtum vertan. Diese verpasste Gelegenheit ist ein wahrhaft trauriger Moment in der Geschichte.

Hochachtungsvoll,
?

Donald J. Trump
Präsident der Vereinigten Staaten von Amerika[8]

Hintergrundinfo: Der zunächst abgesagte Gipfel fand schließlich am 12.6.2018 in Singapur statt. Zum ersten Mal seit 1948 trafen sich dabei ein US-Präsident und der Staatsführer Nordkoreas.

6. Brief:

Ihr Lieben,

heute wende ich mich mit sehr persönlichen Zeilen an euch, die mir aber sehr wichtig sind, hier niederzuschreiben. In den nächsten Wochen und Monaten wird die Gerüchteküche in den Medien – wie schon so oft in den vergangenen Jahren – brodeln, und um hier einfach vorweg den Wind aus den Segeln zu neh-

---

8 Textauszüge des Briefes stammen von: https://www.faz.net/aktuell/politik/von-trump-zu-biden/trumps-brief-an-kim-jong-un-im-wortlaut-15606023.html, abgerufen am 26.02.2021.

men, schreibe ich euch hier „unsere“ Wahrheit. So traurig wir darüber sind, dass wir unseren Lebenstraum gemeinsam nicht verwirklichen konnten und Florian und ich nun getrennte Wege als Paar gehen, umso schöner und kraftvoller gehen wir aus dieser bitteren Erfahrung nun als Freunde neue Wege! ...
Ich bin nicht nur für zehn wundervolle Jahre dankbar, sondern jetzt auch dankbar, solch einen Freund in meinem Leben zu wissen. ...
Jetzt ist offen und ehrlich alles gesagt, und nun kann ich nur hoffen, dass der Schock sich irgendwann auch in Freude für unser aller Glück umwandelt.
Ich kann nur aus tiefstem Herzen sagen: Danke, Florian, für alles!!!
?

Helene Fischer[9]

Hintergrundinfo: Die Schlagersängerin Helene Fischer (*5.8.1984) schreibt hier ihren Fans über den Social-Media-Kanal Instagram. Sie war von 2008 bis 2018 mit dem Entertainer Florian Silbereisen liiert.

7. Brief:

Meine liebste Maria!
[Tegel] 12. VIII. 43

Als ich den letzten Brief an Dich abgeschickt hatte, bekam ich plötzlich einen Schrecken, Dir könnte vielleicht meine Tegeler Adresse auf dem Umschlag im Dorf Unannehmlichkeiten ma-

[9] Textauszüge des Briefes stammen von: https://www.t-online.de/unterhaltung/musik/id_84974370/nach-liebes-aus-helene-fischer-postet-emotionalen-brief-an-ihre-fans.html, abgerufen am 26.02.2021.

chen. Und wenn ich auch förmlich zu hören glaube, wie Du darüber laut lachst – ich freue mich über dieses Lachen –, so meine ich, man soll solche Dinge doch nicht leichtfertig behandeln; es ist wirklich nicht nötig, daß Du einen Dorfklatsch über Deinen Bräutigam über Dich ergehen lassen mußt. ....
Und nun also zu Deinem Brief. Du kannst es garnicht ermessen, was es für mich in meiner jetzigen Lage bedeutet, Dich zu haben. Es ist mir gewiß, daß hier eine besondere Führung Gottes über mir waltet. Die Art, wie wir uns gefunden haben, und der Zeitpunkt so kurz vor meiner Verhaftung sind mir zu deutliche Zeichen dafür; ... Täglich überwältigt es mich aufs neue, wie unverdient ich solches Glück erfuhr, und täglich bewegt es mich tief, in eine wie harte Schule Gott Dich im letzten Jahr genommen hat, und wie es offenbar sein Wille ist, daß ich Dir, kaum daß wir uns kennen, Leid und Kummer zufügen muß, damit unsere Liebe zueinander den rechten Grund und die rechte Tragkraft bekommt. Wenn ich dazu die Lage der Welt, die völlige Dunkelheit über unserem persönlichen Schicksal und meine gegenwärtige Gefangenschaft bedenke, dann kann unser Bund – wenn er nicht Leichtsinn war und das war er bestimmt nicht, – nur ein Zeichen der Gnade und Güte Gottes sein, die uns zum Glauben ruft. ...
Leb wohl, liebste Maria, Gott behüte uns und die unseren.
Dich umarmt Dein
?

Dietrich, der sich von einem Brief auf den anderen freut![10]

Hintergrundinfo: Dies ist ein Auszug aus einem Brief des evangelischen Theologen Dietrich Bonhoeffer (*4.2.1906) an seine Verlobte Maria von Wedemeyer (*23.4.1924). Die beiden verlobten sich am 13.1.1943,

[10] Aus: Brautbriefe Zelle 92, Dietrich Bonhoeffer Maria von Wedemeyer 1943–1945, Herausgegeben von Ruth-Alice von Bismarck und Ulrich Kabitz, Verlag C. H. Beck München 1992, 1. Auflage der Sonderausgabe 2006, S. 38-39.

kurz bevor Bonhoeffer am 5. April desselben Jahres verhaftet wurde. Bonhoeffer wurde am 9.4.1945 im KZ Flossenbürg ermordet. Maria von Wedemeyer studierte später Mathematik und lebte viele Jahre in den USA, wo sie auch starb (+16.11.1977, an einer Krebserkrankung). Sie war zweimal verheiratet und wurde beide Male geschieden. Aus ihrer ersten Ehe stammen zwei Söhne.

b. Wer kann das entziffern? – Liedtexte rund ums Thema Briefe und Post

 Schriftliches Ratespiel für Zweier- oder Dreiergruppen

 Kopiervorlage auch im Downloadbereich

Briefe und ihre Handschriften sind oftmals schwer zu lesen und zu entziffern – so wie die Texte in dieser Vorlage. – Es geht bei den Ratespielen in diesem Buch darum, Gemeinschaft und Begegnung zu ermöglichen – teilen Sie deshalb die Rätselblätter so aus, dass immer zwei oder drei Personen zusammenarbeiten.

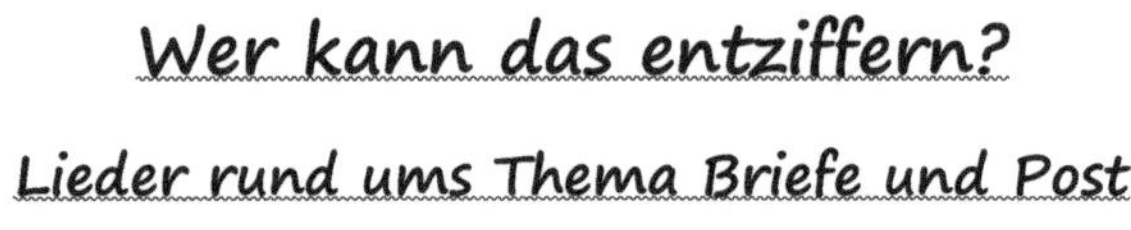

Wer kann das entziffern?

Lieder rund ums Thema Briefe und Post

Sütterlin

Das Lieben bringt groß Freud, es wissen's alle Leut.

Weiß mir ein schönes Schätzelein mit zwei schwarzbraunen Äugelein,

Die mir, die mir, die mir mein Herz erfreut.

Ein Brieflein schrieb sie mir, ich sollt treu bleiben ihr.

Drauf schickt ich ihr ein Sträußelein, schön Rosmarin, b raune Nägelei,

Sie soll, sie soll, sie soll mein eigen sein.

Von rechts nach links zu lesen:

,ßuF n'niem fua redein hcis tztes, negolfeg legoV nie tmmoK

.ßurG nenie netsbeiL red nov, lebanhcS mi nehcfeirB nie tah

;ssuK nenie, tim ßurG nie gnirb, retiew geilf, legoV rebeiL

.ssum nebielb reih hci liew, netielgeb thcin hcid nnak hci nned

Ganz ohne Vokale

Hch f dm glbn Wgn stz ch bm Schwgr vrn.

Vrwrts d Rsse trbn, lstg schmttrt ds Hrn.

Fldr, Wsn nd n, lchtnds hrngld – ch mcht s grn nch schn, br dr Wgn dr rllt.

Pstlln n dr Schnk fttrt d Rss m Flg. Schmnds Grstngtrnk rcht dr Wrt mr m Krg.

Hntr dn Fnstrschbn lcht n Gscht s hld. ch mcht s grn nch blbn, br dr Wgn dr rllt.

Ganz ohne Konsonanten

_i - _a - _u_ _ _ _   _i_   _a_ _e_   _i_   _e_   _u_ _ _ _.

_i_   _a_ _e_   _i_   _e_   _ _ _ _e_ _e_ _o_ _

_o e_   _ei_e_   _ _e_ _ i_   _o_ _‘

_i - _a - _u_ _ _ _   _i_   _a_ _e_   _i_   _e_   _u_ _ _ _.

Und hier fehlt der Mittelteil

Wie ein Fest nach langer Trauer, wie ein Feuer in der Nacht,

ein offnes Tor in einer Mauer, für die Sonne aufgemacht.

Wie ein Brief nach langem Schweigen, wie ein unverhoffter Gruß,

wie ein Blatt an toten Zweigen, ein „Ich mag dich trotzdem Kuss“.

So ist Versöhnung. So muss der wahre Friede sein.

So ist Versöhnung. So ist Vergeben und Verzeihn.

Grafik:https://pixabay.com/illustrations/colcolo-pencils-draw-school-color-5166539/

Auflösung:

In Sütterlin:

Das Lieben bringt groß Freud, es wissen's alle Leut.
Weiß mir ein schönes Schätzelein mit zwei schwarzbraunen Äugelein,
die mir, die mir, die mir mein Herz erfreut.
Ein Brieflein schrieb sie mir, ich sollt treu bleiben ihr.
Drauf schickt ich ihr ein Sträußelein, schön Rosmarin, brauns Nägelein,
sie soll, sie soll, sie soll mein eigen sein.

Von links nach rechts zu lesen:

Kommt ein Vogel geflogen, setzt sich nieder auf mein'n Fuß,
hat ein Briefchen im Schnabel, von der Liebsten einen Gruß.
Lieber Vogel, flieg weiter, bring' ein Gruß mit, einen Kuss,
denn ich kann dich nicht begleiten, weil ich hierbleiben muss.

Ganz ohne Vokale:

Hoch auf dem gelben Wagen sitz ich beim Schwager vorn.
Vorwärts die Rosse traben, lustig schmettert das Horn.
Felder, Wiesen und Auen, leuchtendes Ährengold –
ich möchte so gerne noch schauen, aber der Wagen, der rollt.
Postillion in der Schenke füttert die Rosse im Flug.
Schäumendes Gerstengetränke reicht der Wirt mir im Krug.
Hinter den Fensterscheiben lacht ein Gesicht so hold.
Ich möchte so gerne noch bleiben, aber der Wagen, der rollt.

Ganz ohne Konsonanten:

Ri – ra – rutsch, wir fahren mit der Kutsch.
Wir fahren mit der Schneckenpost,
wo es keinen Pfennig kost'.
Ri – ra – rutsch, wir fahren mit der Kutsch.

Und hier fehlt das Mittelteil:
Wie ein Fest nach langer Trauer, wie ein Feuer in der Nacht,
ein offnes Tor in einer Mauer, für die Sonne aufgemacht.
Wie ein Brief nach langem Schweigen, wie ein unverhoffter Gruß,
wie ein Blatt an toten Zweigen, ein „Ich-mag-dich-trotzdem-Kuss".
So ist Versöhnung. So muss der wahre Friede sein.
So ist Versöhnung. So ist Vergebung und Verzeihn.[11]

c. „Wer wird Millionär?" – Das große Briefe-Quiz

Auch zum Vorlesen, wenn Sie einfach
nur ausgewählte Fragen stellen

Animierte PowerPoint-Präsentation im Downloadbereich

Dieses Quiz ist in Anlehnung an bekannte Fernsehshows wie „Wer wird Millionär?" gestaltet und steht als PowerPoint-Präsentation zur Verfügung. Die Lösungen und weitere Infos zu den Fragen sind in die Präsentation integriert. Die Handhabung der Präsentation und der Ablauf des Quiz' ist unkompliziert und auch für „Neueinsteiger" geeignet (s. Seite 11).

Wenn Sie wenig Zeit zur Vorbereitung haben, können Sie dieses Ratespiel auch einfach als Vorlese-Quiz durchführen.

Sie können das Spiel auf unterschiedliche Weisen gestalten:
***Variante 1:** Alle Seniorenkreisler spielen mit, jeder für sich. Dazu verteilen Sie zu Beginn für alle Teilnehmer jeweils vier unterschiedlich farbige Kärtchen. Auf jedem Farbkärtchen steht eine andere Antwortmöglichkeit – also A, B, C und D. Bei jeder Frage dürfen nun alle Teilnehmer das Kärtchen hochhalten, das ihrer Meinung nach der richtigen Antwort entspricht. Durch*

[11] © Jürgen Werth, SCM Hänssler 1988.

die unterschiedlichen Farben können Sie schnell erkennen, wer richtig liegt und wer nicht.

Variante 2: *Teilen Sie die Besucher in mehrere Gruppen ein. Jede Gruppe bekommt vier Zettel – jeweils mit der Aufschrift A, B, C und D. Lesen Sie zunächst die Frage und die möglichen Antworten vor. Danach geben Sie Zeit für die Beratung in den Gruppen. Anschließend hält jede Gruppe den Zettel mit der von ihr favorisierten Antwort hoch. Notieren Sie, welche Gruppe richtig geraten hat.*

1. Was hat ein Brief?	
a) Bauch	b) Arm
c) Herz	**d) Kopf**
2. Ein scherzhafter Briefgruß lautet: „Gruß und Kuss ...“	
a) mit Hochgenuss	b) du taube Nuss
c) aus einem Guss	**d) dein Julius**
3. Wenn jemand um eine Spende bittet, dann schreibt er einen ...	
a) Kettenbrief	b) Brandbrief
c) Bettelbrief	d) Pfandbrief
4. Ein altes Volkslied beginnt mit den Worten ...	
a) Trara, die Post ist da	b) Trara, die Post war da
c) Trara, die Post kommt nicht	d) Trara, die Post macht dicht
5. Welche Schlussformel wird in Geschäftsbriefen manches Mal verwendet?	
a) Vor Diktat verreist	b) Mit Diktat verreist
c) Beim Diktat verreist	**d) Nach Diktat verreist**
6. Seit dem 1.1.2001 ...	
a) bietet die Deutsche Telekom keine Telegramme mehr ins Ausland an	b) bietet die Deutsche Post Bankgeschäfte über ihre Postbank an
c) machen Thomas Gottschalk und seine jüngere Schwester Werbung für die Postaktie	d) können Briefmarken nur noch an Automaten gekauft werden

<table>
<tr><td colspan="2">7. In dem 2004 erschienenen Roman „P.S. Ich liebe Dich“ erzählt die Schriftstellerin von einer tragischen Liebesgeschichte. Der schwerkranke Ehemann schreibt zehn Briefe an seine Frau, die sie nach dessen Tod erhält und die ihr neuen Lebensmut geben. – Wer hat dieses Buch geschrieben?</td></tr>
<tr><td>a) Rosamunde Pilcher</td><td>**b) Cecelia Ahern**</td></tr>
<tr><td>c) Hera Lind</td><td>d) Ildikó von Kürthy</td></tr>
<tr><td colspan="2">8. In welchem neutestamentlichen Brief steht das sogenannte „Hohelied der Liebe“ mit den Worten: „Nun aber bleiben Glaube, Hoffnung, Liebe, diese drei; aber die Liebe ist die größte unter ihnen“?</td></tr>
<tr><td>a) Römerbrief</td><td>**b) 1. Korintherbrief**[12]</td></tr>
<tr><td>c) 2. Petrusbrief</td><td>d) 3. Johannesbrief</td></tr>
<tr><td colspan="2">9. Wo kommt Ihr Brief an, wenn Sie an diese Adresse schreiben: Adenauerallee 139/141, 53113 Bonn?</td></tr>
<tr><td>a) Firmensitz von Haribo</td><td>b) Hauptsitz Deutscher Wetterdienst</td></tr>
<tr><td>c) ZDF</td><td>**d) Bundeskanzleramt**</td></tr>
<tr><td colspan="2">***Info:*** *In Bonn befindet sich der zweite Dienstsitz des Bundeskanzleramtes (Palais Schaumburg). Der Firmensitz von Haribo (**Ha**ns**Ri**egel**Bo**nn) liegt seit 2018 in der Gemeinde Grafschaft, der Deutsche Wetterdienst hat seinen Hauptsitz in Offenbach am Main, das ZDF in Mainz.*</td></tr>
<tr><td colspan="2">10. Queen Victoria schrieb unzählige Briefe. Fast 8000 davon gingen allein an ihre älteste Tochter, die ebenfalls Victoria hieß. Diese Tochter wurde später ...</td></tr>
<tr><td>a) eine Ahnin von Sky du Mont</td><td>**b) deutsche Kaiserin**</td></tr>
<tr><td>c) Schriftstellerin unter dem Pseudonym „Victoria Albert“</td><td>d) die erste Multimilliardärin des europäischen Hochadels</td></tr>
<tr><td colspan="2">***Info:*** *Die Tochter Victoria (1840-1901) heiratete 1858 Prinz Friedrich Wilhelm von Preußen, der im sogenannten „Drei-Kaiser-Jahr“ 1888 für 99 Tage bis zu seinem Tod aufgrund einer Krebserkrankung Deutscher Kaiser war. Seine Frau Victoria wurde dadurch deutsche Kaiserin.*</td></tr>
</table>

[12] 1. Korinther 13,13.

11. Eine der wertvollsten Briefmarken Deutschlands aus der Zeit seit 1945 erzielte bei einer Auktion den Wert von 82.000 Euro. Was war so besonders an dieser Marke?	
a) Auf der Rückseite der Briefmarke konnte die DNA des Fälschers Konrad Kujau nachgewiesen werden, was daraufhin zu seiner Verhaftung führte.	b) Es war eine von nur 20 Exemplaren einer Briefmarke, die 1955 in identischer Aufmachung zeitgleich in der BRD und der DDR erschienen war.
c) Die Ehefrau des Postministers Kurt Gscheidle hatte die Briefmarke versehentlich verklebt.	d) Die Briefmarke war zur Wiedereröffnung der Semperoper von dem Goldschmied Sebastian Wagentür mit Blattgold überzogen worden.
Info: *Im Jahr 1980 sollte eine Briefmarke anlässlich der Olympischen Spiele herausgegeben werden. Nach dem Boykott dieser Moskauer Spiele wurde die Marke aber vor ihrem Erscheinen zurückgezogen und vernichtet. Einige dieser Marken kamen durch ein Versehen trotzdem in den Umlauf. Die Familie des damaligen Postministers versandte irrtümlicherweise einige Briefmarken. Die erwähnte Auktion fand 2008 statt.*	
12. Was ist ein „Apothekerbriefchen"?	
a) Eine Kurzform des Beipackzettels	**b) Eine Verpackung für pulverförmige Arzneimittel**
c) Ein kleines Erste-Hilfe-Set mit Pflaster	d) Die umgangssprachliche Bezeichnung für ein Rezept
13. In E-Mails oder SMS wird oftmals die Abkürzung LOL verwendet. Was bedeutet sie?	
a) Laughing Out Loud (laut lachen)	b) Love Over Love (Liebe über Liebe)
c) Lots Of Lager (viel Bier)	d) Last Or Least (zu guter Letzt)
14. Was haben G.I. Joe und Cher Ami gemeinsam?	
a) Sie gehören zu den berühmtesten Brieftauben der Welt	b) Sie waren die beiden ersten staatlichen Briefträger im Wilden Westen

c) Die beiden schrieben sich in der Zeit vom 1.4.1870 bis zum 1.4.1910 jeden Tag gegenseitig einen Liebesbrief	d) Sie gelten als die „Kalligrafie-Päpste“

Info: *G.I. Joe (1943-1961) und Cher Ami (+1919) waren Brieftauben, die für die US-Armee im Einsatz waren – G.I. Joe im 2. Weltkrieg in Italien und Nordafrika und Cher Ami im 1. Weltkrieg in Frankreich. Bei ihrem letzten Einsatz wurde Cher Ami so schwer verletzt, dass sie später an den Folgen starb. Beide Tauben erhielten für ihre Verdienste Kriegsauszeichnungen.*

15. Viele Briefe werden nicht mit der Hand geschrieben, sondern mithilfe einer Tastatur – so wie auf der Schreibmaschine oder beim Computer. Welche nebeneinanderliegende Buchstabenfolge von links nach rechts ist auf einer Tastatur zu finden?

A)A D S F G	b) A S D G F
c) **A S D F G**	d) A D S G F

d. Vorlesegeschichte: Der Brief

Es war ein kühler Herbstnachmittag. Der Wind trieb die Wolken über den Himmel und blies die Blätter von den Bäumen. Regentropfen schlugen ans Fenster. Anne hatte schon die Leselampe anmachen müssen, um die alten, vergilbten Fotos in ihrem abgegriffenen Album betrachten zu können. Lange starrte sie auf das Bild von Elli, wie sie lachend in die Kamera schaut und ihren Arm um Annes Schulter legt.

Elli war ihre beste Freundin. Sie kannten sich von klein auf, weil ihre Familien Nachbarn gewesen waren. Ellis Mutter musste arbeiten gehen, und deswegen verbrachte Elli viel Zeit bei Annes Familie, die Elli alle gernhatten.

Anne und Elli waren unzertrennlich. Sie saßen während der gesamten Schulzeit nebeneinander und halfen sich bei den Hausaufgaben, jeden Nachmittag verbrachten sie zusammen und teilten ihre geheimsten Geheimnisse miteinander. Später gingen sie zusammen auf Partys, trösteten sich gegenseitig bei Liebeskummer und hörten einander zu, wenn es Probleme auf der Arbeit gab.

Dann lernte Elli Jim kennen. Jim war amerikanischer Besatzungssoldat und Elli war total verknallt. Sie heiratete sogar ihren Jim. Anne befürchtete, dass Jim irgendwann wieder zurück nach Amerika gehen würde und Elli dann auch fort wäre. So kam es dann auch.

Die beiden Freundinnen waren untröstlich und weinten sehr. Sie versprachen sich, immer zu schreiben und sich mindestens einmal im Jahr zu besuchen. Anne war kreuzunglücklich, als Elli mit dem Taxi zum Flughafen fuhr, und winkte ihr lange hinterher.

Einige Jahre lang schrieben sich die Freundinnen wöchentlich und schickten regelmäßig Fotos von ihren Kindern. Zu besonderen Anlässen telefonierten sie und Elli kam sogar einmal zu Annes fünfzigsten Geburtstag aus Amerika zu Besuch.

Doch dann riss der Kontakt auf einmal ab. Es kamen keine Briefe mehr und wenn Anne die bekannte Telefonnummer wählte, kam nur die Ansage: „The number you have dialed is not available."

Irgendwann gab Anne die Hoffnung auf. Doch sie dachte seit dreißig Jahren jeden Tag an Elli und hätte sie für ihr Leben gern noch einmal in den Arm genommen.

Und dann kam der Brief. Am nächsten Tag klapperte der Briefschlitz in der Haustür und ein dünner blauer Luftpostbrief, mit vielen Marken darauf, fiel auf die Türmatte.

Annes Herz begann ganz schnell zu schlagen. Sie hob den Brief auf und setzte sich mit ihm an den Küchentisch. Sie drehte ihn in den Händen hin und her, aber sie hatte Angst, ihn zu öffnen. Es war klar, dass er von Elli war, denn ihr Name stand auf der Rückseite. Doch ihre Schrift war es nicht.

Nach einiger Zeit hatte sich Anne soweit wieder gefasst, dass sie den Mut aufbrachte, den Brief zu öffnen.
Elli schilderte in kurzen Worten, warum sie sich so lange nicht gemeldet hatte. Sie und Jim hatten einen Autounfall gehabt, bei dem Jim ums Leben gekommen und sie sehr schwer verletzt worden war. Sie brauchte sehr lange, bis sie körperlich einigermaßen wieder hergestellt war, doch musste sie seitdem im Rollstuhl sitzen. Auch hatte sie bei dem Unfall ihr Gedächtnis verloren und es dauerte sehr lange, bis sie ihre Erinnerungen wieder hatte. Es täte ihr sehr leid, dass Anne sich doch bestimmt Sorgen gemacht hätte. Ihre Enkeltochter hätte ihr sehr geholfen, sie sei es auch, die den Brief für Elli schrieb. Elli hätte sich soweit erholt, dass sie sich zutraue, die lange Reise nach Deutschland anzutreten. Ob sie Anne besuchen dürfe?
Anne freute sich sehr, obwohl ihr auch leidtat, was geschehen war. Am Abend rief sie die Telefonnummer an, die im Brief angegeben war, und sprach mit Ellis Enkelin. „Ja, die Grandma wolle unbedingt nach Deutschland und am liebsten würde sie auch in der alten Heimat ihren Lebensabend verbringen." Anne antwortete ganz spontan und überglücklich: „Ich habe ein großes Haus und viel Platz. Elli soll kommen."

Monika Kaiser[13]

e. Gesprächsimpulse

- Schreiben Sie gerne Briefe?
- Haben oder hatten Sie besondere Brieffreundschaften?
- Erinnern Sie sich an den ersten Brief, den Sie geschrieben haben oder den Sie selbst bekommen haben?

[13] Quelle: Hoffnungs-, Trost- und Glücksgeschichten / ISBN 978-3-948106-24-9; Autorin: Monika Kaiser, Herausgeberin: Natali Mallek.

- Ganz neugierig: Erinnern Sie sich an einen ganz besonderen Liebesbrief?
- Haben Sie noch Briefe von verstorbenen Familienmitgliedern und was bedeuten sie Ihnen?
- Was gefällt Ihnen beim Briefeschreiben? Was fällt Ihnen schwer?
- Zu welcher Gelegenheit haben Sie das letzte Mal einen handgeschriebenen Brief bekommen oder selber geschrieben?
- Gab es einen Brief, der Ihr Leben veränderte?
- Sind Sie bei Facebook, Instagram, Twitter, WhatsApp o. ä.?

f. Kunterbunte Tipps

Geben Sie jedem Seniorenkreisler einen frankierten Briefumschlag mit passendem Briefpapier mit: Vielleicht hat der eine oder die andere die Lust bekommen, wieder einen Brief zu schrieben. Und wer weiß – vielleicht gibt es bei den nächsten Nachmittagen einige Erzählungen dazu.

g. Angedacht: Eine Briefkastengnade

Es gibt viele verschiedene Arten von Briefen. Das haben wir heute Nachmittag wieder gesehen. Und wer Briefe schreibt, der kann etwas erleben. Briefe eignen sich unter anderem, um alte Kontakte wieder aufzunehmen. Briefe eignen sich, um anderen Menschen eine Freude zu machen. Und Briefe eignen sich auch, um nach einem Streit zu sagen: „Es tut mir leid.“

So ging es auch einer Frau in den USA. Dort gibt es eine besondere Tradition: Zum Valentinstag werden Briefe verschickt. Das ist bei uns ja nicht so verbreitet.

Auch diese Frau hatte eine Valentinskarte geschrieben – und zwar an ihre Mutter. Und nun stand sie mit ihrem Auto in einer langen Schlange vor dem Post-Briefkasten und wartete, bis sie die Karte einwerfen konnte. Das dauerte einige Zeit, denn viele andere Autofahrer wollten ebenfalls noch einen Valentinsbrief losschicken. In dieser Wartezeit erlebte die junge Frau etwas, das ihr zu denken gab.

„Eine Briefkastengnade" heißt die Erzählung von ihrem Erleben:

Es war am späten Nachmittag des Valentinstages und ich war ärgerlich auf meine Mutter. Obwohl unser Streit schon Wochen zurücklag, merkte ich, dass ich ihr noch immer böse war.
„Warum soll ich diejenige sein, die sich entschuldigt?", fragte ich mich, als ich die Karte unterschrieb, die ich nur gekauft hatte, weil ich mich dazu verpflichtet fühlte.
„Kein ‚Ich-habe-dich lieb' von mir", sagte ich und klatschte die Briefmarke auf den roten Umschlag.
Kurz darauf fuhr ich zum Postamt. Umgeben von den rosa Schatten eines Sonnenuntergangs im Februar, reihte ich mich in die Autoschlange vor dem Briekasten ein.
Minuten vergingen. Der Verkehr vor dem Postamt bewegte sich nicht. Als ich mein Fenster herunterdrehte und hinaussah, entdeckte ich einen verrosteten Kombi, der am Anfang der Autoschlange stand.
Hat der Wagen neben dem Briefkasten einen Motorschaden?, überlegte ich.
Es dauerte nicht lange, bis eine gut angezogene Frau, die in einem roten Ford hinter dem Kombiwagen stand, ungeduldig wurde. Lautstark zeigte sie ihren Ärger, indem sie ihre Hand auf der Hupe ruhen ließ.
Aufgeschreckt von dem Gehupe stieg ein älterer Mann aus dem rostigen Auto. Einen Stapel roter Valentinsbriefe in der Hand, humpelte er mit Hilfe eines Stocks, der seinem wackligen Gang mehr Halt geben sollte, auf den Briefkasten zu.
„Es tut mir leid", rief er der Frau mit leiser, zitternder Stimme zu.
Da öffnete die Frau augenblicklich die Wagentür. Sie lief auf den alten Mann zu und warf ihm die Arme um die Hals.
„Mir tut es leid", hörte ich sie sagen.

Im Schein der letzten Sonnenstrahlen klopfte der Mann ihr sanft auf den Rücken und hielt sich mit der anderen an seinem Stock fest.
Während ich ihnen von meinem Auto aus zusah, merkte ich, dass diese beiden Fremden einem alten Vers, den ich seit Langem der Erinnerung überlassen hatte, eine neue Perspektive gaben: „Und vergib uns unsere Schuld, wie auch wir vergeben unseren Schuldigern."
Plötzlich wurde mir bewusst, dass ich Zeit damit verschwendet hatte, unversöhnlich zu sein und auf die Entschuldigung meiner Mutter zu warten. Während ich „auf die Hupe" meines Ärgers gedrückt und alle Schuld an dem Streit auf meine Mutter geschoben hatte, weigerte ich mich zuzugeben, dass auch ich ihr schmerzhafte Worte gesagt hatte.
Ich musste ihre Verzeihung erbitten. Und ich musste ihr die gleiche Gnade zugestehen, die ich gerade am Briefkasten erlebt hatte: die bedingungslose Gnade Gottes.
Der alte Mann und die gut angezogene Frau hatten sich verabschiedet und die Autoschlange bewegte sich langsam auf den Briefkasten zu. Mit einer Hand am Steuerrad, öffnete ich vorsichtig das Kuvert für meine Mutter.
Als sich zwischen mir und dem Briefkasten nur noch ein Auto befand, schrieb ich eilig einen neuen Valentinsgruß auf die Karte: Es tut mir leid, Mutti. Ich hab dich lieb.

Nancy Jo Sullivan[14]

---

[14] Aus: Alice Gray & Barbara Baumgardner (Hrsg.), Die Nacht der Sternschnuppen und andere Geschichten, die das Herz berühren, Asslar 2002: Gerth Medien, S. 214-215.

Adel verpflichtet

Zu Gast bei Königs

Die Welt der Adligen und Könige fasziniert viele Menschen. Das sieht man an den vielen Zeitschriften rund um dieses Thema. Mit großem Vergnügen spielen kleine Mädchen auch heute noch „Prinzessin“. Aber auch in der Bibel geht es um Könige. Und vor allem um den einen König – Jesus Christus.

Die große Chance dieses Themas: Es wird Interesse und Wissen nachgefragt, das im Seniorenkreis eher selten gebraucht wird. So können insbesondere Seniorenkreisler punkten, die sich in der Welt des Adels auskennen.

a. „Adelige“ Musik

 Auch zum Vorlesen

 Schriftliches Ratespiel für Zweier- oder Dreiergruppen

 Kopiervorlage auch im Downloadbereich

Lesen Sie die jeweilige Frage vor und warten Sie auf die Antwort durch Zuruf. Achten Sie darauf, dass nicht ein oder zwei ganz schnelle Seniorenkreisler das Spiel dominieren. Alternativ können Sie auch die Spielregel

ändern: Wer eine Antwort weiß, meldet sich mit Handzeichen und Sie wählen dann aus, wer antworten darf.

Das Ratespiel kann auch in kleinen Gruppen als schriftliches Spiel durchgeführt werden.

1. König, **2.** King, **3.** Löwen, **4.** Kaiser, **5.** schönes Kind, **6.** der Ehren (EG 317), **7.** Mallorca, **8.** Die Prinzen, **9.** Luxemburg, **10.** Wilhelm wiederhaben, **11.** Victoria, **12.** Zimmermann, **13.** Wasser war viel zu tief, **14.** Eurovision Song Contest (4. Platz), **15.** Ein König aller Königreich (EG 1)

„Adelige“ Musik

1. Ein bekannter Kanon lautet „Froh zu sein bedarf es wenig und wer froh ist, ist ein …“? ____________
2. In der Nationalhymne des Vereinten Königreichs heißt es: „God save the …“? ____________
3. Seit vielen Jahren wird in Hamburg ein Musical aufgeführt mit dem Titel „Der König der …“? ____________
4. Einer der berühmtesten deutschen Schlagersänger unserer Zeit ist Roland … ? ____________
5. Ein bekanntes Kinderlied beginnt mit den Worten „Dornröschen war ein …“? ____________
6. Ein oft gesungenes Lied aus dem evangelischen Gesangbuch lautet „Lobe den Herren, den mächtigen König …“? ____________
7. Der Schlagersänger Jürgen Drews wird gerne bezeichnet als „König von … ? ____________
8. Es geht um eine Musikgruppe, die aus Leipzig stammt. Einige ihrer Mitglieder sangen früher im Leipziger Thomanerchor. Der Name der Musikgruppe ist … ? ____________
9. Ende der 60er Jahre fragte die Schlagersängerin Dorthe Kollo in einem sehr erfolgreichen Lied: „Oh Pardon, sind Sie der Graf von …“? ____________
10. Der Fehrbelliner Reitermarsch gehört zu den Kavalleriemärschen. Nach dem Ende des Kaiserreiches in Deutschland wurde eine neue Version des Stücks zum Gassenhauer. Darin heißt es dann: „Wir wollen unseren alten Kaiser …“? ____________
11. Felix Mendelssohn Bartholdy machte als Zwanzigjähriger zum ersten Mal eine Reise nach Großbritannien. Seine Eindrücke verarbeitete er in seiner 3. Sinfonie, die viel später, im Jahr 1842, uraufgeführt wurde. Diese Sinfonie widmete er Queen … ? ____________
12. Der Komponist Albert Lortzing brachte im Jahr 1837 eine komische Oper zur Uraufführung. Sie trug den Namen „Zar und …"? ____________
13. Eine Volksballade besingt das Drama zwischen zwei Liebenden. Sie beginnt mit den Worten: „Es waren zwei Königskinder, die hatten einander so lieb, sie konnten beisammen nicht kommen, das …“ – wie geht es weiter? ____________
14. Ein erfolgreicher Schlager widmete sich dem mongolischen Fürsten Dschingis Khan. Auch die Musikgruppe, die das Lied darbot, trug diesen Namen. Das Lied war 1979 der Beitrag der BRD beim … ? ____________
15. „Macht hoch die Tür, die Tor macht weit“ – so beginnt ein Adventslied. Dann heißt es: „Es kommt der Herr der Herrlichkeit“. Wie geht es weiter? ____________

Grafik: https://pixabay.com/de/illustrations/musik-hinweis-rahmen-4246389/

b. Das adelige Quiz – Wer kennt sich aus bei Königs?

Auch zum Vorlesen, wenn Sie einfach nur ausgewählte Fragen stellen

Ausgearbeitetes Quiz als PowerPoint-Präsentation im Downloadbereich

Bei „Wer kennt sich aus bei Königs?" geht es kunterbunt um vielfältige Bereiche, bei denen „Könige" oder „Adlige" auch im übertragenen Sinn vorkommen. Das Quiz ist deshalb auch besonders geeignet für eine gemischtgeschlechtliche Gruppe.

Dieses Quiz ist in Anlehnung an bekannte Fernsehshows wie „Wer wird Millionär?" gestaltet und steht als PowerPoint-Präsentation zur Verfügung. Die Lösungen und weitere Infos zu den Fragen sind integriert. Die Handhabung der Präsentation und der Ablauf des Quiz' ist unkompliziert und auch für „Neueinsteiger" geeignet (s. Seite 11).

Wenn Sie wenig Zeit zur Vorbereitung haben, dann können Sie dieses Ratespiel auch einfach als Vorlese-Quiz durchführen.

Sie können das Spiel auf unterschiedliche Weisen gestalten:
***Variante 1**: Alle Seniorenkreisler spielen mit, jeder für sich. Dazu verteilen Sie zu Beginn für alle Teilnehmer jeweils vier unterschiedlich farbige Kärtchen. Auf jedem Farbkärtchen steht eine andere Antwortmöglichkeit – also A, B, C und D. Bei jeder Frage dürfen nun alle Teilnehmer das Kärtchen hochhalten, das ihrer Meinung nach der richtigen Antwort entspricht. Durch die unterschiedlichen Farben können Sie schnell erkennen, wer richtig liegt und wer nicht.*
***Variante 2**: Teilen Sie die Besucher in mehrere Gruppen ein. Jede Gruppe bekommt vier Zettel – jeweils mit der Aufschrift A, B, C und D. Lesen Sie zunächst die Frage und die möglichen Antworten vor. Danach geben Sie Zeit für die Beratung in den Gruppen. Anschließend hält jede Gruppe den Zettel mit der von ihr favorisierten Antwort hoch. Notieren Sie, welche Gruppe richtig geraten hat.*

1. Manche Menschen streiten sprichwörtlich um …	
a) des Grafen Hose	b) des Herzogs Hut
c) des Königs Kutsche	**d) des Kaisers Bart**
2. Welcher Fußballer wird gerne als „Kaiser“ bezeichnet?	
a) Uwe Seeler	**b) Franz Beckenbauer**
c) Matthias Sammer	d) Bastian Schweinsteiger
3. Welches Mädchen war zuerst Dienstmagd und wurde dann Prinzessin?	
a) Schneewittchen	b) Dornröschen
c) Aschenputtel	d) Rapunzel
4. Die Prinzenrolle ist …?	
a) ein Purzelbaum rückwärts über die linke Schulter	b) ein zepterförmig eingedelltes Sofakissen
c) die Zweitbesetzung der Hauptrolle bei einem Theaterstück	**d) eine Keksart mit Schokocremefüllung**
5. In welchem europäischen Land gab es eine 2-Euro-Münze, auf der die Königin des Landes abgebildet war?	
a) Spanien	b) Dänemark
c) Niederlande	d) Großbritannien
Info: *Dänemark und Großbritannien haben keinen Euro. In Spanien war bis 2014 das Porträt von König Juan Carlos I. zu sehen, ab 2015 das von König Felipe VI. – In den Niederlande zierte zunächst König Beatrix die 2-Euro-Münze, ab 2014 dann König Willem-Alexander.*	
6. Welche Aussage stimmt?	
a) Ex-Landwirtschaftsministerin Julia Klöckner war Weinkönigin.	b) Ex-Bundeskanzlerin Angela Merkel war Faschingsprinzessin.
c) Die Ex-SPD-Vorsitzende Andrea Nahles war Bienenkönig.	d) Die Ex-Verteidigungsministerin Ursula von der Leyen war Schützenkönigin.
Info: *Julia Klöckner war 1994 Nahe-Weinkönig und in der Amtszeit 1995/96 Deutsche Weinkönigin.*	

7. Bei welchen Spielen gibt es keinen „König"?	
a) Kegeln und Schach	b) Schach und Uno
c) Uno und Elfer raus	d) Elfer raus und Kegeln

Info: *Beim Kegeln wird der Mittelkegel „König" genannt. Beim Schach ist der König die wichtigste Spielfigur.*

8. Queen Elisabeth II. – für wie viele Länder ist sie das Oberhaupt?	
a) 1	b) 2
c) 15	d) 32

Info: *Königin Elisabeth II. ist das Oberhaupt von insgesamt 16 Commonwealth-Ländern: Vereinigtes Königreich, Antigua und Barbuda, Australien, Bahamas, Belize, Grenada, Jamaika, Kanada, Neuseeland, Papua-Neuguinea, St. Kitts und Nevis, St. Lucia, St. Vincent und die Grenadinen, Salomonen, Tuvalu.*

9. Wie heißt der einzige im Jahr 2021 im Amt befindliche Kaiser?	
a) Kaiser Naruhito von Japan	b) Kaiser Haile Selassie I. von Äthiopien
c) Kaiser Bokassa I. von Zentralafrika	d) Queen Elisabeth II., Kaiserin von Indien

Info: *Kaiser Naruhito regiert als 126. Tenno von Japan seit 2019. – Kaiser Haile Selassie I. war der letzte Kaiser von Äthiopien und regierte von 1930–1936 und von 1941–1974. Bokassa I. war von 1976–1979 Kaiser des zentralafrikanischen Kaiserreichs (zuvor seit 1966 Präsident der zentralafrikanischen Republik). – Indien wurde 1947 unabhängig. Der letzte Kaiser von Indien war König Georg VI., der Vater von Elisabeth II.*

10. Die Ballade „Erlkönig" ist eines der bekanntesten Werke von Johann Wolfgang von Goethe. Der Begriff „Erlkönig" wird aber auch in einem ganz anderen Zusammenhang verwendet und bezeichnet dann …?	
a) eine Ruheposition beim Yoga	**b) den Prototyp eines Autos**
c) die Spenderpflanze bei der Veredelung von Obstbäumen	d) den ältesten nachweisbaren Vorfahren in der Ahnenforschung

11. Die Sache mit der Thronfolge ist recht kompliziert. Auch bei einigen Königshäusern unserer Zeit gab es überraschende Wendungen. Bei welcher Person stand bereits zum Zeitpunkt der Geburt fest, dass er/sie einmal den Thron besteigen soll?	
a) Queen Elisabeth II.	b) Kronprinzessin Victoria von Schweden
c) Philippe, König der Belgier	**d) König Willem Alexander der Niederlande**

Info: *Elisabeth kam nicht als Tochter des Kronprinzen Edward zur Welt, sondern ihr Vater war dessen jüngerer Bruder Georg. Durch den überraschenden Thronverzicht des kinderlosen Edward VIII. ging die Krone an dessen Bruder Georg und danach auf dessen erstgeborene Tochter über. – Bei der Geburt von Victoria von Schweden (*14.7.1977) galt noch die ausschließlich männliche Erbfolge. Diese wurde am 1.1.1980 geändert. – Zum Zeitpunkt von Philippes Geburt saß dessen Onkel Baudoin (von 1951 bis 1993) auf dem Thron. Da dieser keine Kinder hinterließ, ging die Krone nach Baudoins Tod auf dessen jüngeren Bruder Albert über und danach auf dessen Sohn Philippe (*15.4.1960, König der Belgier seit 2013).*

c. Memory – Royale Paare

PowerPoint-Präsentation zum Downloaden. Die Präsentation läuft nicht unter OpenOffice. Ebenso finden Sie im Downloadbereich separat alle Einzelfotos zum Ausdrucken, auch fürs Spielen am Tisch.

Das „Memoryspiel“ ist ein sehr bekanntes und beliebtes Spiel. Sie kennen es sicher: Viele Bilder liegen verdeckt auf dem Tisch. Immer zwei Karten gehören zusammen. Bei jeder Runde dürfen zwei beliebige Karten aufgedeckt werden. Gewonnen hat, wer am Ende am meisten zueinander passende Paare gefunden hat.

Mit dieser Vorlage zum Herunterladen können Sie nun das Spiel auch in einer größeren Gruppe spielen. Die Vorlage mit den verdeckten Fotos wird dazu an die Leinwand gebeamt.

Bei dem Ratespiel „Royale Paare" geht es darum, insgesamt 15 Paare zusammenzufinden. Die Vorlage hat eine rote und eine blaue Seite mit jeweils 15 Feldern. Hinter den roten Feldern befinden sich die Frauenfotos, hinter den blauen die Männerbilder. Die Felder sind jeweils von 1 bis 15 durchnummeriert. Bei jedem Ratevorgang ist ein Feld auf der roten und ein Feld auf der blauen Seite aufzudecken. Welche Felder aufgedeckt werden sollen, das sagen die Rategruppen. Ihre Aufgabe als Spielleiter ist es, die zu den jeweiligen Feldern gehörende Fotos „sichtbar" zu machen.

Dies geschieht jeweils durch einen Klick auf das entsprechende Feld. (Eine genaue Anleitung zur Handhabung des Spiels finden Sie auf der PowerPoint-Präsentation selbst.)

Passen die beiden ausgewählten Personen nicht zusammen, dann verdecken Sie die Fotos wieder durch einen Klick. Wenn das richtige Paar gefunden ist, lassen Sie die Fotos unverdeckt stehen.

Teilen Sie Ihre Seniorenkreisbesucher für dieses Spiel in verschiedene Gruppen ein. Die einzelnen Gruppen sollten nicht zu groß sein, damit möglichst viele „Gruppenmitglieder" beim Mitraten zum Zug kommen. Gleichzeitig sollte aber auch die Anzahl der Gruppen nicht zu groß werden. Suchen Sie einen guten Kompromiss zwischen der Anzahl der Gruppen und der Zahl der Gruppenmitglieder.

Die erste Gruppe startet und nennt eine Zahl von der roten Seite und eine Zahl von der blauen Seite. Stimmt das Paar überein, werden die Fotos unverdeckt stehen gelassen und die Gruppe bekommt einen Punkt gutgeschrieben. Dann darf die nächste Gruppe raten. Stimmt das Paar nicht überein, werden die Fotos wieder verdeckt und die dann nächste Gruppe kommt an die Reihe usw.

Interessant ist es, auch einige kurze Information zu den aufgedeckten Paaren zu geben. Vielleicht möchte auch der eine oder die andere etwas zu den Personen erzählen. Am besten machen Sie beides am Ende des Spiels, um den Spielfluss nicht unnötig zu unterbrechen. Auf der PowerPoint-Präsentation finden Sie dafür alle Paare auf weiteren Folien nochmals mit Fotos und Namen.

Sie können das Spiel auch ohne Computer und PowerPoint-Präsentation durchführen. Drucken Sie dazu die entsprechenden Fotos aus dem Downloadbereich aus. Sie können mehrere Auflagen mit Fotos im normalen Fotoformat machen und das Memory so in mehreren Tischgruppen spielen. Für die Auflösung ist es dann sehr hilfreich, wenn Sie die Fotos alle vorher durchnummeriert haben. – Für eine weitere Spielvariante drucken Sie jedes Bild auf ein Din-A4-Blatt und hängen die Blätter für alle sichtbar, aber zunächst mit verdecktem Foto, an die Wand. (Nur die Fotos von Beatrix/ Claus und von Margrethe/Henrik sind für einen Ausdruck dieser Größe nicht geeignet.)

Startbild der PowerPoint-Präsentation

Auflösung und Informationen:

1 (rot) und 8 (blau)
Kaiser Akihito, Japan, *23.12.1933, Thronbesteigung 7.1.1989 (Chrysanthementhron), Abdankung 30.4.2019, seit 10.4.1959 verheiratet mit *Kaiserin Michiko*, *20.10.1934. Sie haben 3 Kinder: Kaiser Naruhito, Sohn Akishino, Tochter Sayako.

2 (rot) und 6 (blau)
König Carl XVI. Gustaf, Schweden, *30.4.1946, Thronbesteigung 15.9.1973, seit 19.6.1976 verheiratet mit *Königin Silvia*, *3.12.1943. Sie haben 3 Kinder: Victoria, Carl Philip, Madeleine.

3 (rot) und 7 (blau)
König Charles III, Vereinigtes Königreich, *14.11.1948, Thronbesteigung 8.9.2022, seit 9.4.2005 in zweiter Ehe verheiratet mit *Queen Consort Camilla,* *17.7.1947.

4 (rot) und 13 (blau)
Queen Elisabeth II., Vereinigtes Königreich, *21.4.1926-8.9.2022, Thronbesteigung 6.2.1952, seit 20.11.1947 verheiratet mit *Prinz Philip, Herzog von Edinburgh*, 10.6.1921–9.4.2021. Sie haben 4 Kinder: Charles, Anne, Andrew, Edward.

5 (rot) und 14 (blau)
König Felipe VI., Spanien, *30.1.1968, Thronbesteigung 19.6.2014, verheiratet seit 22.5.2004 mit *Königin Letizia*, *15.9.1972. Sie haben 2 Kinder: Leonor, Sofia.

6 (rot) und 1 (blau)
König Juan Carlos I., Spanien, *5.1.1938, amtierender König von Spanien vom 22.11.1975–18.6.2014, verheiratet seit 14.5.1962 mit *Königin Sophia*, *2.11.1938. Sie haben 3 Kinder: Elena, Cristina, Felipe.

7 (rot) und 12 (blau)
Königin Margrethe II., Dänemark, *16.4.1940, Thronbesteigung 14.1.1972, Hochzeit am 10.6.1967 mit *Prinz Henrik*, 11.6.1934–13.2.2018. Sie haben 2 Kinder: Frederik, Joachim.

8 (rot) und 2 (blau)
Fürst Rainier III., Monaco, 31.5.1923–6.4.2005, Fürst von Monaco vom 9.5.1949–31.3.2005, verheiratet seit 18.4.1956 standesamtlich und 19.4.1956 kirchlich mit *Fürstin Gracia Patricia*, 12.11.1929–14.9.1982. Sie haben 3 Kinder: Caroline, Albert, Stéphanie.

9 (rot) und 5 (blau)
Schah Mohammad Reza Pahlavi, Persien, 26.10.1919–27.7.1980, Thronbesteigung 17.9.1941, verlässt den Iran am 16.1.1979, verheiratet seit 21.12.1959 in 3. Ehe mit *Schahbanu Farah Pahlavi*, *14.10.1938. Sie haben 4 Kinder: Cyrus Reza, Fahrahnaz, Ali Reza (+2011), Leila (+2001).

10 (rot) und 4 (blau)
König Willem-Alexander, Niederlande, *27.4.1967, Thronbesteigung 30.4.2013, verheiratet seit 2.2.2002 mit *Königin Máxima*, *17.5.1971. Sie haben 3 Kinder: Amalia, Alexia, Ariane.

11 (rot) und 3 (blau)
William, Prince of Wales, Vereinigtes Königreich, *21.6.1982, Thronfolger, verheiratet seit 29.4.2011 mit *Catherine (genannt Kate), Princess of Wales*, *9.1.1982. Sie haben 3 Kinder, George, Charlotte, Louis.

12 (rot) und 15 (blau)
König Philippe, König der Belgier, *15.4.1960, Thronbesteigung 21.7.2013, verheiratet seit 4.12.1999 mit *Königin Mathilde*, Königin der Belgier, *20.1.1973. Sie haben 4 Kinder: Elisabeth, Gabriel, Emmanuel, Eléonore.

13 (rot) und 9 (blau)
Fürst Albert II., Monaco, *4.3.1958, Thronbesteigung 6.4.2005, verheiratet seit 1.7.2011 (standesamtlich) und 2.7.2011 (kirchlich) mit *Fürstin Charlène*, *25.1.1978. Sie haben 2 gemeinsame Kinder: Jacques, Gabriella.

14 (rot) und10 (blau)
Königin Beatrix, Niederlande, *31.1.1938, amtierende Königin der Niederlande von 30.4.1980–30.4.2013, seither führt sie den Titel Prinzessin, verheiratet seit 10.3.1966 mit *Prinz Claus*, 6.9.1926-6.10.2002. Sie haben 3 Kinder: Willem-Alexander, Johan Friso (+2013), Constantijn.

15 (rot) und 11 (blau)
König Harald V., Norwegen, *21.2.1937, Thronbesteigung 17.1.1991, verheiratet seit 29.8.1968 mit *Königin Sonja*, *4.7.1937. Sie haben 2 Kinder: Märtha Louise, Haakon.

d. Vorlesegeschichte: Die Royals und ich

Die Welt des Adels fasziniert viele Menschen. Das war früher schon so und ist heute immer noch der Fall. Dabei ist dieses Interesse allerdings in manchen Kreisen etwas verpönt. Manchmal auch bei Kirchens. Und deshalb oute ich mich heute:
Ich gehöre auch zu den Menschen, die sich für die Adelshäuser interessieren.
Und meistens, wenn ich im Urlaub bin, kaufe ich mir das eine oder andere dieser Hefte der sogenannten „Regenbogenpresse“, um wieder auf den neusten Stand von Klatsch und Tratsch zu kommen.
Denn dummerweise hat mein Friseur die Zeitschriften nicht immer ausliegen. Und der Zahnarzt auch nicht.
Wenn ich zurückdenke, dann fallen mir im Blick auf die Adelswelt verschiedene Erlebnisse ein:

Es war im Jahr 1965, da besuchte die damals noch recht junge Queen Elisabeth II. zum ersten Mal Deutschland. Hier wurde sie begeistert empfangen.
Ich war damals 8 Jahre alt.
Besonders beeindruckt hat mich in jenen Tagen, dass die Queen immer farblich aufeinander abgestimmte Outfits anhatte. Alles zusammenpassend vom Kostüm über die Handtasche bis zum Hut. So habe ich es jedenfalls in Erinnerung. Und ich war als Kind davon fasziniert, dass ihre Röcke immer ordentlich nach unten hingen und überhaupt nicht vom Wind nach oben wirbelten.
Dann, viele Jahre später, im März 1981, heirateten mein Mann und ich. Bald darauf im Juli gaben sich auch Prinz Charles und Lady Diana ihr Jawort.
Als jung verheiratetes Vikarsehepaar hatten wir damals noch keinen Fernseher und so haben wir uns bei einem Kirchengemeinderat eingeladen, um dort die Hochzeit im Fernsehen zu verfolgen. Ja, da war sogar mein Mann mit dabei. Wir hatten einfach unsere eigene Hochzeit noch so gut in Erinnerung, dass wir uns beide nun auch für diese royale Hochzeit interessierten.
Drei Jahre später war ich schwanger, gleichzeitig mit Prinzessin Diana. Klar, dass ich da auch die Schwangerschafts-News von ihr verfolgte. Vier Tage nach der Geburt von Prinz Harry kam *unser* erster kleiner „Prinz" auf die Welt.
Und dann der 31. August 1997, der Unfalltod von Diana. Menschen auf der ganzen Welt waren erschüttert. Ich kann mich noch gut an diesen Tag erinnern. Und der Beerdigungszug mit den verwaisten Prinzen William und Harry hinter dem Sarg – da muss ich noch heute mit den Tränen kämpfen, wenn ich das sehe.
Vieles ist seither noch geschehen.
Das britische Königshaus ist bei uns in Deutschland ja besonders beliebt. Bis heute verfolge ich ihre Geschichten.
Doch tauschen mit ihnen – tauschen würde ich für nichts in der Welt.

e. Gesprächsimpulse

- An Frauen: Haben Sie als Kind gerne Prinzessin gespielt? Was hat Ihnen daran besonders gefallen?
- Kennen Sie persönlich jemanden aus der Welt des Adels? Was haben Sie mit diesen Personen erlebt?
- Verbinden Sie ein persönliches Erlebnis mit der Welt des Adels?
- Würden Sie mit einem heutigen König, einer heutigen Königin gerne tauschen? Ja oder Nein und warum?
- Warum fasziniert ihrer Meinung nach so viele Menschen das Leben der Adligen?

f. Kunterbunte Tipps

- Legen Sie möglichst alte Exemplare der „Regenbogenpresse" zur Ansicht aus. (Diese kann man z. B. über eBay kaufen.)
- Es ist immer lustig, wenn es nach einem Quiz auch Preise gibt – natürlich für alle, denn alle haben ja auch mitgeraten. Zu diesem Thema eignet sich eine „Schatzkiste" mit golden verpackten Süßigkeiten. Jeder darf sich eine Süßigkeit herausnehmen (z. B. Ferrero Rocher, Mozartkugeln etc.).
- Eine Mitarbeiterin, ein Mitarbeiter verkleidet sich als Prinzessin oder Prinz und kommt als „Überraschungsbesuch". Sie oder er wird dann interviewt.

g. Angedacht

„Adel verpflichtet" – das war das Thema unseres heutigen Nachmittags. Es ging um adlige Menschen und um Könige.

Auch in der Bibel kommen Könige vor. Könige sind ja eine sehr alte Erfindung. Die Könige in der Bibel sind ganz unterschiedlich.

Der bekannteste – das ist König David. Bis heute kennen wir Geschichten von ihm. Auch Menschen, die mit dem christlichen Glauben nicht mehr so viel zu tun haben, kennen z. B. die Geschichte von David und Goliath. Oder sie verbinden zumindest mit den beiden Namen

„David und Goliath“ sprichwörtlich den Kampf eines Kleinen gegen einen Großen.

Mit dem Namen „König David“ können wir also bis heute etwas anfangen.

Viele weitere Könige gibt es in der Bibel. Manche versahen ihre Aufgabe in guter Weise. Viele werden aber auch kritisch dargestellt.

Wenn wir uns die Welt eines Königs, einer Königin vorstellen, dann erscheinen die unterschiedlichsten Bilder vor unserem inneren Auge:

- Da denken wir an Prunk, an Glanz und Reichtum;
- wir denken an Gold, Diamanten, Schatztruhen voller Edelsteine;
- prachtvolle Bauten sehen wir vor uns oder wertvolle Gewänder;
- und dann die Macht: Wer König ist, der bestimmt – so war es zumindest in früheren Jahrhunderten.

Wer König war, der hatte das Sagen. Der war der Oberste. Der war der Bestimmer – so würden es Kinder sagen.

Wer König war, der konnte tun und lassen, was er wollte. Auch, wenn er sein Volk ausbeutete, die Gesetze beugte oder korrupt war. Wer König oder Königin ist, hat Bedeutung. So ist es auch heute immer noch. Er oder sie ist eine der wichtigsten Personen des Landes. Niemand kommt an dem König, der Königin vorbei. Jeder muss sie achten, muss sie *be*achten.

Dabei ist es auch heute noch so: Nicht jeder kann zum König, zur Königin kommen – nein, nur ausgewählte Personen bekommen eine Audienz und kommen in den Palast oder gar in den Thronsaal.

Nun haben wir heute den 17. September *(aktuelles Datum nennen)*. Und Weihnachten ist noch in größerer Ferne *(oder: Und Weihnachten liegt schon einige Zeit hinter uns)*. Aber vielleicht erinnern Sie sich an den Wochenspruch zum 1. Advent. Da geht es auch um einen König. In diesem Bibelvers heißt es:

„Siehe, dein König kommt zu dir, ein Gerechter und ein Helfer.“ (Sacharja 9,9)

Es geht um einen **göttlichen** König. Einen, der ganz anders ist als die menschlichen Könige, die wir oftmals bewundern.

Dieser göttliche König ist
- ein Gerechter und ein Helfer;
- keiner, dem es um seinen eigenen Vorteil geht;
- sondern einer, der sich kümmert und sorgt um die Menschen, die zu ihm gehören.
- Ein König, der für die Menschen da ist.

„Siehe, dein König kommt zu dir“, heißt es hier.

Die Erlaubnis, in den Königspalast zu dürfen, Zugang zu einem König zu bekommen, wäre für einen ganz normalen Menschen schon fantastisch. Aber dieser göttliche König hier geht viel weiter.

„Er kommt zu dir. Er kommt zu mir.“

„Siehe, dein König kommt zu dir.“ Mit diesem König ist Jesus Christus gemeint. Er hält nicht Abstand, er will einkehren in mein, in unser ganz normales Leben.

Und in keiner anderen Geschichte der Bibel wird uns das so lebendig vor Augen gestellt wie eben in der Weihnachtsgeschichte.

Jesus, der göttliche König, kommt – der Gerechte und der Helfer, der sich ganz persönlich um jeden einzelnen Menschen kümmert, der sich sorgt, der für uns da ist, wann immer wir es wollen – er kommt zu uns, in unsere Welt und in unser Leben.

Jesus, der König, wird uns zum Bruder. Der König wird zum Bruder. Das geschieht an Weihnachten.

Und darüber dürfen wir uns freuen, auch im September *(aktuellen Monat nennen)*.

Ach, du dickes Ei!

Ein spannendes Thema, nicht nur an Ostern

Ein „Ei" ist ein kleines Wunderding. Es hat keine Öffnung und keinen Spalt. Es wurde noch nie geöffnet und doch ist etwas drin! Dabei ist ein Ei zugleich stabil und zerbrechlich. Auch wie ein Ei in der Hand liegt, ist etwas Besonderes.

In Eiern entsteht neues Leben. Es ist fast unglaublich, dass sich in der Tierwelt in einem Ei ein fertiges, lebensfähiges neues Wesen entwickelt. Und Eier schenken nicht nur Leben, sondern machen auch satt.

In vielen Kulturen, Religionen und Mythen spielt das Ei als Symbol für Leben und Fruchtbarkeit eine wichtige Rolle. Bei uns gibt es die „Ostereier".

„Ach, du dickes Ei!" ist deshalb ein Thema, das gut in die Osterzeit passt. Sie können es aber genauso gut zu anderen Jahreszeiten verwenden.

a. Rezeptequiz

Schriftliches Ratespiel für Zweier- oder Dreiergruppen

Kopiervorlage auch im Downloadbereich

Eier sind – auch – zum Essen da! So viele leckere Gerichte lassen sich mit ihrer Hilfe herstellen.

In diesem Quiz sind die fertigen Gerichte anhand der Zutaten zu erraten. Natürlich gibt's beim Kochen und Backen viele Wege, die zum Ziel führen. Wenn also jemand aus den angegebenen Zutaten etwas ganz anderes kocht oder bäckt, als es die Lösung vorgibt – dann wunderbar!

Lösung:

1. Spiegelei, **2.** Sauce Hollandaise, **3.** Kartoffelpuffer, **4.** Arme Ritter, **5.** Haselnussmakronen, **6.** Eierlikör, **7.** Tiramisu, **8.** Gefüllte Paprika, **9.** Kaiserschmarren, **10.** Eiersalat, **11.** Wiener Schnitzel, **12.** Zwiebelkuchen

Eier-Rezepte Rätsel

Rezept Nummer 1

1 Ei
Salz
etwas Fett

Lösung: ....

Rezept Nummer 2

4 Eigelb
3 EL Weißwein
125 g Butter
1 TL Zucker
1 TL Salz
1 TL Zitronensaft
Pfeffer

Lösung: ....

Rezept Nummer 3

1 Ei
1 kg rohe Kartoffeln
1 Teller gekochte Kartoffeln
0,25 l Milch
50 g Stärkemehl
Salz, Muskat, Fett

Lösung: ....

Rezept Nummer 4

2 Eier
0,5 l Milch
10 Scheiben Weißbrot
1 EL Zucker
Salz, abgeriebene Zitronenschale
Zucker und Zimt Bratfett

Lösung: ....

Rezept Nummer 5

6 Eiweiß
500g Puderzucker
500 g gemahlene Haselnüsse
Vanille

Lösung: ....

Rezept Nummer 6

10 Eigelb
200 g Puderzucker
1 Vanilleschote
1 Flasche Korn

Lösung: ....

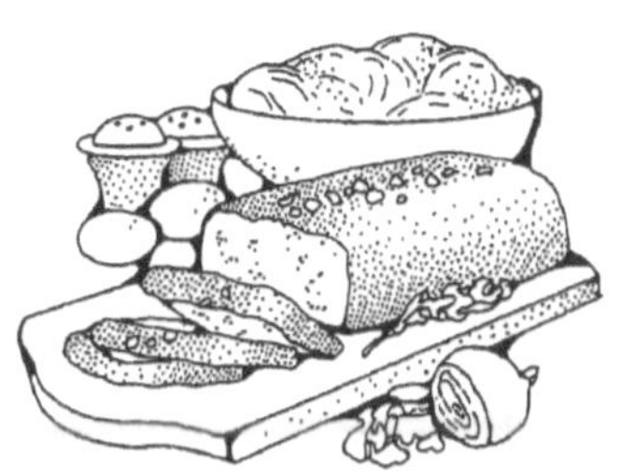

Seite 2

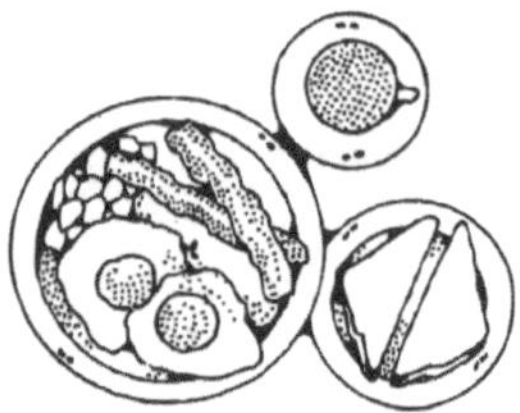

Rezept Nummer 7

4 Eigelb
2 Eiweiß
500 g Mascarpone
100 g Puderzucker
200 g Löffelbiskuits
3 Tassen kalter Kaffee
2 EL Amaretto
Kakaopulver

Lösung: ....

Rezept Nummer 8

1 Ei
250 g Hackfleisch
1 Zwiebel
4 Paprika
1 Brötchen
Salz, Pfeffer, Fett

Lösung: ....

Rezept Nummer 9

4 Eier
250 g Mehl
0,375 l Milch
20 g Butter
50-75 g Sultaninen
1 TL Zucker
Bratfett, Puderzucker

Lösung: ....

Rezept Nummer 10

4-6 gekochte Eier
Essig
Öl
Senf
Salz, Zucker, Brühe
gehackte Kräuter

Lösung: ....

Rezept Nummer 11

1 Ei
4 dünne Kalbsschnitzel
Salz, Pfeffer, Mehl
Paniermehl
Bratfett

Lösung: ....

Rezept Nummer 12

4 Eier
500 g Zwiebeln
250 g Mehl
150 g saure Sahne
125 g Speck
80 g Butter
6 EL Milch
20 g Hefe
Salz, Paniermehl

Lösung: ....

b. … wenn aus Eiern Vögel werden!

Zum Vorlesen

Auch früher haben Menschen schon gerne gerätselt. Die Fragen dieses Ratespiels stammen aus einer alten Rätselsammlung von 1874 („Das deutsche Räthselbuch“ von Karl Simrock). Die Fragen sind mal lustig, mal ernsthaft.

1. Ich weiß ein kleines weißes Haus, hat nichts von Fenstern, Türen, Toren, und will der kleine Wirt heraus, so muss er erst die Wand durchbohren.
   Das Ei

2. Was ist die beste Eigenschaft des Huhns?
   Dass es die Eier legt; wenn es sie würfe, dann gingen sie alle verloren.

3. Warum ist ein Hahn und keine Henne auf dem Kirchturm?
   Weil der Küster sonst die Eier holen müsste und sich den Hals bräche.

4. Vorne wie ein Kamm, mitten wie ein Lamm, hinten wie eine Sichel: Rat, mein lieber Michel!
   Der Hahn

5. Witschel-watschel geht über die Brücken, hat dem König sein Bett auf dem Rücken.
   Die Gans

6. Hier ist der Totenschein meiner zwei Schwesterlein: Die eine ist gekocht, die andre gebraten; wär ich nicht davongerannt, blieb euch dies unbekannt.
   Drei Gänse wurden gefangen, zwei geschlachtet, eine entkam.

7. Man lässt ihn sprechen, man lässt ihn stechen; er ist ein Vogel und ein Gebrechen.
   Der Star

8. Vorn wie ein Gaul, mitten wie ein Knaul, hinten wie ein Pfannenstiel: Was ist das?
   Die Elster

9. Im Winter aus, im Sommer an; mein Kind zieht ein andrer Mann; an meinem Gesang erkennt man mich: Rat, wer bin ich?
   Der Kuckuck

10. Rat, ein Vogel wohlbekannt hat ein englisches Gewand, einen gleisnerischen Gang, dazu widrigen Gesang.
    Der Pfau

11. Wer ist hochgeboren?
    Der Storch

12. Was tut der Storch, wen er auf einem Fuß steht?
    Er hebt den anderen auf.

Und noch zwei Eier-Fragen auf „Reserve“:

Ein Haus voll Essen und die Tür vergessen.
Das Ei

Weiß werf ich es auf das Dach und gelb kommt es wieder herunter.
Das Ei

c. Memory – Ach, du dickes Ei

PowerPoint-Präsentation zum Downloaden. Die Präsentation läuft nicht unter OpenOffice. Alternativ können Sie die Fotos aus dem Downloadbereich separat ausdrucken und an einer Wand aufhängen.

Das „Memoryspiel" ist ein sehr bekanntes und beliebtes Spiel. Sie kennen es sicher: Viele Bilder liegen verdeckt auf dem Tisch. Immer zwei Karten gehören zusammen. Bei jeder Runde dürfen zwei beliebige Karten aufgedeckt werden. Gewonnen hat, wer am Ende die meisten zueinander passenden Paare gefunden hat.

Mit dieser PowerPoint-Vorlage zum Herunterladen können Sie nun das Spiel auch in einer größeren Gruppe spielen. Die Vorlage mit den verdeckten Fotos wird dazu an die Leinwand gebeamt.

Beim Ratespiel „Ach, du dickes Ei!" geht es darum, insgesamt 15 Paare zusammenzufinden. Alle Fotos haben etwas mit dem Thema „Ei" zu tun. Die Fotos sind zunächst verdeckt und müssen aufgedeckt werden. Die Vorlage hat insgesamt 30 durchnummerierte Felder. Bei jedem Ratevorgang sind zwei Felder aufzudecken. Welche Felder aufgedeckt werden sollen, bestimmen die Rategruppen. Ihre Aufgabe als Spielleiter ist es, das zu den jeweiligen Feldern gehörenden Foto „sichtbar" zu machen.

Dies geschieht jeweils durch einen Klick auf das entsprechende Feld. (Eine genaue Anleitung zur Handhabung des Spiels finden Sie auf der PowerPoint-Präsentation selbst.)

Passen die beiden ausgewählten Fotos nicht zusammen, dann verdecken Sie die Fotos wieder durch einen Klick. Wenn das richtige Paar gefunden ist, lassen Sie die Fotos unverdeckt stehen.

Teilen Sie Ihre Seniorenkreisbesucher für dieses Spiel in verschiedene Gruppen ein. Die einzelnen Gruppen sollten nicht zu groß sein, damit möglichst viele „Gruppenmitglieder" beim Mitraten zum Zug kommen. Gleichzeitig sollte aber auch die Anzahl der Gruppen nicht zu groß werden. Suchen Sie einen guten Kompromiss zwischen der Anzahl der Gruppen und der Zahl der Gruppenmitglieder.

Die erste Gruppe startet und nennt zwei Zahlen. Die entsprechenden Felder werden vom Spielleiter am Laptop aufgedeckt. Stimmen die Fotos überein, werden die Fotos unverdeckt stehen gelassen und die Gruppe bekommt einen Punkt gutgeschrieben. Dann darf die nächste Gruppe raten. Stimmen die beiden Fotos nicht überein, werden die Fotos wieder verdeckt und die nächste Gruppe kommt an die Reihe usw.

Sie können das Spiel auch ohne Computer und PowerPoint-Präsentation durchführen. Drucken Sie dazu die entsprechenden Fotos aus dem Downloadbereich jeweils zweimal auf ein Din-A4-Blatt und hängen die Blätter für alle sichtbar, aber mit zunächst verdecktem Foto, an die Wand. Dann können Sie wie oben beschrieben spielen.

Auflösung:
1 Farbige Eier, **2** Huhn, **3** Osterstrauß, **4** Überraschungs-Eier, **5** Eierbecher, **6** Hahn, **7** Küken, **8** Schokoladen-Eier, **9** ganzes Ei, **10** Osterstrauß, **11** Huhn, **12** Eier-Uhr, **13** Hahn, **14** Eierbecher, **15** Eierkarton, **16** farbige Eier, **17** Osterbrot, **18** Eier-Schneider, **19** Eier-Uhr, **20** Osterbrot, **21** Überraschungs-Eier, **22** ganzes Ei, **23** Eierkarton, **24** Küken, **25** Spiegelei, **26** Eier-Schneider, **27** Stopf-Ei, **28** Schokoladen-Eier, **29** Spiegelei, **30** Stopf-Ei

d. Vorlesegeschichte: Der Pachtzins

Es war in den 1980er Jahren.
Fritz und Erika waren jung verheiratet und bezogen ihr erstes Pfarrhaus. Es war eine ländliche Gegend und es gab noch viele Bauern im Ort.
Alles war neu und aufregend für Fritz und Erika.
Das Haus war frisch renoviert und hatte viel zu viele Räume für die kleine Menge an Möbeln, die die beiden bisher besaßen.
Noch mehr Platz gab es im Pfarrgarten. Ein großer Walnussbaum und 30 Zwetschgenbäume wuchsen darin. Auch Quitten gab es und Haselnüsse. Eine ganze Kolonie von Schneeglöckchen blühte im Frühjahr. Fritz musste nun regelmäßig eine riesige Wiesenfläche mähen. Wie gut war es da, dass wenigstens ein kleinerer Teil des Gartens verpachtet war. Ein Bauernhaus grenzte an den Pfarrgarten und dort war etwas mehr Gartenplatz hoch willkommen. Deshalb war ein Stück des Pfarrgartens abgegrenzt und vermietet. Das war schon seit vielen Jahren so.
Zu Erikas Erstaunen läutete die Nachbarsfrau eines Tages an der Haustüre. Sie wollte wissen, wie sie in Zukunft den Pachtzins zahlen sollte. 200 Eier im Jahr seien vereinbart. Wann Erika die 200 Eier haben wolle?
Erika fiel aus allen Wolken. Was sollte sie mit einer 200-Eier-Lieferung machen? Nach einigem Hin und Her einigten sich die

beiden Frauen darauf, die Eier in Zukunft über das ganze Jahr zu verteilen, in übersichtlichen Zwanziger-Packs .
Zu den 200 jährlichen Eiern der Nachbarsfrau gesellten sich unzählige weitere Eier, die Fritz bei seinen Besuchen in der Gemeinde geschenkt bekam. Der Vorratsraum von Erika war stets gut gefüllt. Aber die 200 Pachtzins-Eier – die blieben immer etwas Besonderes.

e. Gesprächsimpulse

- Welches ist Ihre Lieblings-Eierspeise?
- Wer hat heute schon ein Ei gegessen und welches Gericht war das?
- Erinnern Sie sich an ein besonderes Erlebnis im Zusammenhang mit Eiern oder Ostereiern?
- Hatten oder haben Sie Hühner und was haben Sie mit ihnen alles erlebt?
- Welche Ostereier-Spiele kennen Sie? Welche haben Sie früher gespielt oder spielen Sie noch heute?
- Im Anschluss an die Geschichte „Der Pachtzins“: Erinnern Sie sich an Erlebnisse, bei denen in Naturalien bezahlt wurde?

f. Kunterbunte Tipps

- Lustiges Lied: „Klingelingeling, klingelingeling, hier kommt der Eiermann“[15]
- Reichen Sie als besondere Überraschung für jeden ein Gläschen Eierlikör. Halten Sie eine Alternative bereit für Seniorenkreisler, die keinen Alkohol trinken. Es gibt auch Rezepte für alkoholfreien Eierlikör zum Selbermachen.[16]
- „Das Frühstücksei“ von Loriot.[17]

---

15 Siehe: https://www.songtexte.com/songtext/klaus-and-klaus/der-eiermann-33c20459.html.

16 Zum Beispiel: https://www.kochbar.de/rezept/52843/Eierlikoer-ohne-Alkohol-selbstgemacht.html.

17 Text zum Nachspielen: http://www.ouvertuere.org/doc/Das_Fruehstuecksei.pdf; alle abgerufen am 15.07.2021.

g. Angedacht

Diese Besinnung ist so konzipiert, dass sie gleichzeitig eine Einführung in das Thema darstellt. Sie ist deshalb zu Beginn des Nachmittags am besten platziert. – Legen Sie zur Dekoration gekochte Eier auf die Tische, so dass jeder Seniorenkreisler ein Ei in die Hand nehmen kann.

„Ach, du dickes Ei!" – so heißt unser heutiges Thema. Es geht also um Eier ganz allgemein und im Besonderen auch um das Hühnerei.

Auf Ihren Tischen liegen heute viele Eier. Das haben Sie natürlich schon längst gesehen. Aber diese Eier sind nicht nur Dekoration. Man darf die Eier auch anfassen. Nehmen Sie einmal ein Ei in die Hand. Die Eier sind alle gekocht, es kann also nichts passieren, wenn eines runterfällt oder einen Sprung bekommt.

- *Abwarten, bis jeder ein Ei hat. Nehmen Sie selbst auch ein Ei in die Hand.*

Das Ei passt wunderbar in die Hand. Man könnte es direkt als Handschmeichler verwenden. Es fühlt sich glatt und angenehm an. Es lädt ein, damit ein bisschen herumzuspielen und es hin- und herzubewegen.

Das Ei ist ein kleines Wunderding. Es hat keinen Verschluss und keinen Spalt. Es wurde noch nie geöffnet und doch ist etwas drin. Dabei ist ein Ei zugleich stabil und zerbrechlich.

In Eiern entsteht neues Leben. Das ist bei vielen Tierarten so der Fall. Bei Vögeln natürlich, aber auch bei Reptilien oder Insekten.

Eier und neues Leben – das hat einen ganz festen Zusammenhang. In vielen Kulturen, Religionen und Mythologien spielt das Ei als Symbol für Leben und Fruchtbarkeit eine wichtige Rolle. Auch in unserem christlichen Glauben kommt es vor. Das Ei ist ein Symbol für die Auferstehung Jesu geworden. Und die Herstellung von Ostereiern hat eine alte Tradition.

Aber Eier lassen nicht nur neues Leben entstehen, sie machen auch satt. Knapp 240 Hühnereier isst jeder Deutsche, jede Deutsche durchschnittlich in einem Jahr.[18] Zugegeben, in den letzten Jahrzehnten sind Eier etwas in Verruf geraten. Ihnen wurde nachgesagt, dass sie für die Erhöhung des Cholesterinwertes in unserem Blut mitverantwortlich seien. Und einen hohen Cholesterinwert möchte natürlich niemand haben. Zwei bis drei Eier pro Woche, das sei genug – so hieß es. In den letzten Jahren gingen die Meinungen über die Eier und das Cholesterin hin und her. Aber heute urteilt man über den Eierverzehr zumeist nicht mehr so streng. Wer wissen will, was ihm ganz persönlich guttut, der fragt am besten seinen Hausarzt.

Fest steht: Ein Hühnerei hat vieles Gute in sich. Es ist zum Beispiel eine kleine Proteinbombe. Vor allem auch, weil das Hühnerei-Protein von Menschen sehr gut verwertet wird. Ein Ei der Gewichtsklasse L mit rund 70 g enthält etwa 9,1 g Eiweiß – das sind rund 16 % unseres Tagesbedarfs – in einem einzigen Ei.

Aber auch viele Vitamine und Nährstoffe sind im Ei enthalten.

Deshalb steht das Ei seit Tausenden von Jahren auf dem Speiseplan der Menschen.

Dabei gibt uns das Ei nicht nur etwas zum Essen, sondern auch zum Nachdenken. Vielleicht haben Sie schon einmal vom sogenannten Henne-Ei-Problem gehört? Die Philosophie beschäftigt sich mit dieser Frage – Wer war zuerst: die Henne oder das Ei?

Es braucht ein Ei, damit eine Henne entsteht.

Wiederum braucht es eine Henne, damit ein Ei entsteht.

Da kann man schon mal ins Grübeln kommen, wie das geht.

Und auch die Mathematik steht beim Ei vor ungeklärten Fragen. Bis jetzt hat noch niemand die richtige Formel gefunden, um die ideale Form eines Eis zu berechnen.

Eier gibt es in unterschiedlichen Gewichtsklassen. Die Schale ist 0,3 bis 0,4 mm dick. Stabil genug, um beim Wachsen des Kükens nicht zu zerbrechen. Und dünn genug, um mit dem kleinen Kükenschnabel von innen aufgepickt werden zu können. Die Schale besteht zu 90 % aus Kalk. Eine Schicht auf der Schale verhindert das Eindringen von

---

[18] 239 für 2020, Quelle: https://www.bmel-statistik.de, abgerufen am 17.08.2021.

Keimen. Deshalb sollte man Eier auch nicht waschen. Gleichzeitig sorgen rund 10.000 Poren für einen Luftaustausch im Inneren. Nur 24 Stunden braucht ein Huhn, bis ein neues Ei entsteht und gelegt wird. Rund 300 Eier pro Jahr.

Für uns ist das Ei im Alltag oftmals ganz selbstverständlich, wir schenken ihm in der Regel keine große Beachtung. Dabei ist das Ei etwas ganz Besonders. Es ist ein Wunderding der Schöpfung.

In einem befruchteten Ei wächst Leben heran. Alles ist darin, was so ein kleines Lebewesen braucht, um sich von einer weichen Masse in ein fertiges Tier zu verwandeln. Eigentlich unvorstellbar, wie das gehen kann.

Da kann man eigentlich nur Staunen über dieses kleine und doch so große Wunder.

Wie gut und schön hat es Gott gemacht.

Und wie dankbar können wir sein, dass es Eier gibt.

Daran wollen wir uns an diesem Nachmittag auch erinnern.

Sitzt, passt, wackelt und hat Luft

Geschichten rund ums Handwerken

Das Handwerk hat eine Jahrtausende alte Tradition. Auch heute spielt es eine wichtige Rolle in unserer Wirtschaft. Über 130 Ausbildungsberufe gibt es im handwerklichen Bereich: vom Maurer bis zum Friseur, von der Konditorin bis zur Hörgeräteakustikerin.

Viele Menschen, Männer und Frauen, sind darüber hinaus handwerklich begabt. Sie heimwerkern oder handarbeiten mit viel Freude und Geschick.

Ein Thema also, bei dem viele mitreden können!

a. Was bin ich? – Hilfreiche Gerätschaften von früher und heute

Zum Vorlesen

Auch früher haben Menschen schon sehr gerne Ratespiele gemacht. Dieses Rätsel stammen aus einer alten Rätselbuchsammlung von 1874 („Das deutsche Räthselbuch" von Karl Simrock). – Helfen Sie beim Raten gegebenenfalls mit kleinen Tipps.

1. Es rüttelt sich und schüttelt sich und macht ein Häufchen unter sich.
   Das Sieb

2. Ich habe keine Füße
und geh doch auf und ab
und beiß mich immer tiefer ein,
bis ich mich durchgebissen hab.
Die Säge

3. Eine Mühle wohlbekannt
wird getrieben ohne Hand,
ohne Wasser, ohne Wind;
dennoch läuft sie sehr geschwind.
Die Mühle ließe mancher liegen,
könnt er die Müllerin nur kriegen.
Das Spinnrad

4. Ein langer, langer Vater,
eine lange, lange Mutter
und viele, viele Kinder.
Die Leiter

5. Zwei Löcher hab ich,
zwei Finger brauch ich:
so mach ich Langes und Großes klein
und trenne, was nicht beisammen soll sein.
Die Schere

6. Es ist voll so schwer als wär es leer.
Der Blasebalg

7. Ein eisernes Gäulchen,
ein flächsernes Schwänzchen:
Je länger springt das Gäulchen,
je kürzer wird das Schwänzchen.
Nähnadel mit Zwirnsfaden

8. Innen hohl, außen vieler Löcher voll.
   Der Fingerhut

9. Es knippert und knappert
   mit eisernen Zapfen,
   mit fleischernen Dapen:
   Kanns niemand erraten?
   Das Strickzeug

b. Bilderrätsel rund ums Handwerk

Als schriftliches Ratespiel, jeweils zu zweit oder zu dritt
Kopiervorlage auch im Downloadbereich

Ratespiel auch mit PowerPoint-Präsentation
aus dem Downloadbereich

Bei diesem Ratespiel sind Begriffe rund um das Thema Handwerk dargestellt. Zur Lösung müssen Sie „um die Ecke" denken. Helfen Sie gegebenenfalls mit kleinen Tipps, wenn Sie merken, dass sich einige Seniorenkreisler mit den Begriffen zunächst schwertun.

Lösungen:

1. Wagenheber, **2.** Hosenträger, **3.** Gabelstapler, **4.** Laubsäge (oder Sägeblatt), **5.** Kugelschreiber, **6.** Schraubenzieher, **7.** Teppichmesser, **8.** Glasbläser, **9.** Sternekoch, **10.** Wasserhahn, **11.** Plattenbau, **12.** Scheinwerfer, **13.** Bildhauer, **14.** Schraubstock

Bilderrätsel rund ums Handwerk

c. „Der große Preis" – Das ultimative Handwerker-Quiz

Zum Vorlesen, wenn Sie einfach nur ausgewählte Fragen stellen.

Ratespiel mit animierter PowerPoint-Präsentation aus dem Downloadbereich (läuft nur unter Microsoft PowerPoint)
Punktevorlage zum Ausdrucken im Downloadbereich

Dieses Quiz ist aufgebaut wie das bekannte Ratespiel „Der große Preis". Für das Spiel ist es gut, wenn Sie zu dritt sind: Eine stellt die Fragen und leitet das Quiz, ein Zweiter löscht die gestellten Fragen auf der Punkte-Vorlage, die Dritte notiert den Punktestand der verschiedenen Gruppen.

Zum Herunterladen finden Sie für dieses Spiel eine leicht zu handhabende PowerPoint-Präsentation. Diese ist so animiert, dass Sie nach und nach in beliebiger Reihenfolge die Punkte-Kategorien löschen können. Es werden dann jeweils nur noch die Punkte-Kategorien angezeigt, die noch zur Verfügung stehen. Alternativ können Sie auch die Punktevorlage aus dem Downloadbereich auf ein großes Plakat kopieren oder das Ganze selbst zeichnen.

Teilen Sie alle Besucher Ihres Kreises in drei bis vier Gruppen ein. Alle Gruppenmitglieder sollten beieinandersitzen.
***1. Variante:** Spielen Sie den „Großen Preis" ganz klassisch: Die erste Gruppe beginnt und darf sich eine Frage aussuchen. Beantwortet sie diese richtig, bekommt die Gruppe den entsprechenden Punktewert gutgeschrieben. Dann kommt die nächste Gruppe an die Reihe. – Beantwortet die erste Gruppe die Frage falsch, dann geht die Frage automatisch an die zweite Gruppe. Antwortet diese richtig, bekommt die zweite Gruppe den Punktewert gutgeschrieben. Die Fragenreihenfolge wird dadurch nicht berührt – das heißt, dass in einem solchen Fall die zweite Gruppe sich nun ganz regulär eine eigene Frage aussuchen darf.*
***2. Variante:** Um möglichst viele Seniorenkreisler zu beteiligen, empfiehlt sich diese Variante, bei der jede Gruppe zu jeder Frage eine Antwort geben*

darf: Gruppe 1 wählt eine beliebige Frage aus den Rubriken aus. Diese Frage wird vorgelesen. Jede Gruppe berät anschließend und schreibt ihre Antwort auf einen Zettel. Alle Gruppen mit der richtigen Lösung bekommen den jeweiligen Punktewert der Frage gutgeschrieben. (Das bedeutet, dass der Punktewert der Frage in einer Runde mehrfach verteilt werden kann.) Danach darf sich die zweite Gruppe eine Frage aussuchen usw.

Bei einem „Joker" erhält diejenige Gruppe, die diese Frage ausgewählt hat, die Punktezahl „geschenkt". Die anderen Gruppen gehen leer aus.

***3. Variante:** Spielen Sie eine einfache Version als „Zuruf-Quiz". Suchen Sie dazu rund 15 Fragen aus und stellen Sie diese mündlich. Die Antworten werden auf Zuruf gegeben. Die unterschiedliche Punkteeinteilung entfällt dabei komplett.*

Sitzt, passt, wackelt und hat Luft!

Das große Handwerkerquiz

Hammer und Bohrer	Pinsel und Farbe	Nadel und Faden	Messer und Gabel	Kabel und Rohre
20	**20**	**20**	**20**	**20**
40	**40**	**40**	**40**	**40**
60	**60**	**60**	**60**	**60**
80	**80**	**80**	**80**	**80**
100	**100**	**100**	**100**	**100**

Grafiken: https://pixabay.com/de/illustrations/werkzeuge-hammer-schraubendreher-4278993/, abgerufen12032021, https://pixabay.com/de/vectors/toolbox-werkzeuge-hammer-304894/, abgerufen 12032021, https://pixabay.com/de/vectors/klempner-reparatur-mann-mechaniker-35611/, abgerufen 12032021, https://pixabay.com/de/vectors/bohrmaschine-schlagbohrhammer-bohrer-154903/, abgerufen 12032021

Rubrik: Hammer und Bohrer

20 Punkte-Frage:

Scherzfrage: Wohin hat Noah den ersten Nagel geschlagen?

Auf den Kopf

40 Punkte-Frage:

Wie heißt die Hauptfigur einer TV-Kinderserie aus Großbritannien? Die Figur betreibt einen Bauhof und trägt den Beinamen „der Baumeister“.

Bob, der Baumeister

60 Punkte-Frage:

Die gesuchte Stadt in Rheinland-Pfalz beschäftigte in ihrer Blütezeit rund 7000 Diamantschleifer und mehrere Tausend Achat-und Schmucksteinschleifer.

Wie ist der Name dieser Stadt?

Idar-Oberstein

80 Punkte-Frage:

Joker

100 Punkte-Frage:

1989 erschien ein bekannter historischer Roman von Ken Follett. Die Geschichte spielt im 12. Jahrhundert und schildert den Bau einer Kathedrale. Die Beschreibung der damaligen Handwerkskunst spielt eine große Rolle.

Wie lautet der Titel des Romans?

Die Säulen der Erde

Rubrik: Pinsel und Farbe
20 Punkte-Frage:
In einem alten Volkslied heißt es:
„Bunt, bunt, bunt sind alle meine Kleider,
bunt, bunt, bunt ist alles, was ich hab.
Darum lieb ich alles, was so bunt ist,
weil mein Schatz ein ....“
Wie endet dieser Vers?
... weil mein Schatz ein Maler ist.

40 Punkte-Frage:
Wie werden die Organisationen genannt, zu denen sich im Mittelalter die jeweils verschiedenen Handwerkersparten zusammengeschlossen haben?
Zünfte

60 Punkte-Frage:
Joker

80 Punkte-Frage:
Welche Stadt im heutigen Freistaat Sachsen ist für ihre kunstvoll bemalten Porzellanobjekte bekannt?
Meißen (Staatliche Porzellan-Manufaktur Meissen GmbH)

100 Punkte-Frage:
Wie heißt der 2020 im Alter von 76 Jahren verstorbene Promi-Friseur, der u. a. auch Claudia Schiffer und Angela Merkel frisierte?
*Udo Walz (*28.7.1944 in Waiblingen, +20.11.2020 in Berlin)*

Rubrik: Nadel und Faden
20 Punkte-Frage:
Joker

40 Punkte-Frage:
In welchem Bereich absolvierte der Modedesigner Karl Lagerfeld eine Lehre?
*Schneiderlehre (Karl Lagerfeld, *10.9.1933 in Hamburg, +19.2.2019)*

60 Punkte-Frage:
In welchem Bereich spielen folgende Begriffe eine Rolle: Fadenheftung, Klebebindung, Broschur, Goldprägung?
Buchbinderei

80 Punkte-Frage:
In seiner Geschichte „Wo die Liebe ist, da ist auch Gott" erzählt Leo Tolstoi von dem Handwerker Martin. Martin erkennt in dieser Erzählung, wie Gott ihm in verschiedenen Menschen begegnet.
Welchen Beruf übt der Handwerker Martin aus?
Schuhmacher

100 Punkte-Frage:
Welche lebende Königin hat Briefmarken entworfen und Bücher illustriert, aber auch Kostüme und Gewänder für Theater und Kirche gestaltet?
*Königin Margrethe II. von Dänemark (*16.4.1940)*

Rubrik: Messer und Gabel
20 Punkte-Frage:
Ein Sprichwort sagt: „... gehört zum Handwerk".
Welches Geräusch ist hier gemeint?
Klappern

40 Punkte-Frage:
Joker

60 Punkte-Frage:
Wie heißt eine weltweit bekannte Torte, die u. a. aus Biskuitböden, Kirschwasser, Sahne und Schokoladengarnierung besteht?
Schwarzwälder Kirschtorte

80 Punkte-Frage:
Welcher bekannte Fußballspieler und Trainer machte in seiner Jugend im elterlichen Betrieb eine Bäckerlehre?
*Jürgen Klinsmann (*30.7.1964)*

100 Punkte-Frage:
Welche der Legende nach mit Jesus verwandte Heilige gilt als Schutzpatronin der Hausfrauen, aber auch u. a. der Bergleute, Weber, Schneider, Strumpfwirker, Spitzenklöppler, Müller, Seiler, Tischler und Drechsler?
Die heilige Anna. Sie wird als Großmutter von Jesus verehrt.

Rubrik: Kabel und Rohre
20 Punkte-Frage:
Welchen Handwerker rufen Sie an, wenn es in Ihrer Wohnung nicht mehr warm wird?
Heizungsinstallateur/Heizungsbauer (heutiger Ausbildungsberuf: Anlagenmechaniker für Sanitär-, Heizungs- und Klimatechnik)

40 Punkte-Frage:
Es gibt ein Sprichwort, das lautet: „Handwerk hat goldenen ...“.
Wie geht es weiter?
Boden

60 Punkte-Frage:
Von wem stammt das Lied: „Ich bin Klempner von Beruf“?
*Reinhard Mey (*21.12.1942 in Berlin)*

80 Punkte-Frage:
Welches ist der beliebteste Ausbildungsberuf im Handwerk?
KFZ-Mechatroniker (neue Ausbildungsverträge 2022: knapp 22.000; auf Platz 2 mit knapp 15.000 Verträgen der Beruf des Elektronikers)

100 Punkte-Frage:
Joker

d. Vorlesegeschichte: Die Laubsäge

Es war am Morgen nach ihrem 70. Geburtstag. Roswitha war noch etwas müde von der großen Feier mit den vielen Gästen am Tag zuvor. Müde, aber auch glücklich. Es war ein schönes Fest gewesen und Roswitha hatte viele Geschenke bekommen: Blumen, Bücher, ein T-Shirt, vier Halsschals, einen Atlas, ein Herz aus Stroh – und als Krönung eine elektrische Laubsäge. Schon lange hatte sie sich solch ein Gerät gewünscht, um mit leichter Hand kreative Bilder und kunstvolle Figuren aus Holz aussägen zu können. In ihrem Geiste sah sie bereits kleine ausgefallene Möbelstücke und einzigartige Dekogegenstände vor sich, die sie damit herstellen konnte. Ihre Fantasie kannte keine Grenzen und Roswitha freute sich schon aufs Ausprobieren. Ihr Großvater und ihr Urgroßvater waren Schreiner gewesen – und ein wenig Sägemehl floss wohl auch in ihrem Blut.
Nun aber musste sie zunächst mal die Wohnung aufräumen und etwas frische Luft ins Zimmer lassen. Roswitha öffnete das Fenster. Draußen spielte ein kräftiger Herbstwind mit den abgefallenen Blättern.
„Hallo Roswitha! Wie geht's dir?" Monika, ihre Nachbarin, stand am Gartenzaun und winkte zu Roswitha hinauf. „Du hattest doch gestern Geburtstag? Glückwunsch noch. Was hast du denn Schönes bekommen?"

„Hallo Monika!“, rief Roswitha zurück. „Ach du, es war ein wunderbares Fest. Und stell dir vor, auch mein lang gehegter Wunsch hat sich endlich erfüllt: Meine Kinder haben mir eine elektrische Laubsäge geschenkt.“
„Eine Laubsäge?“ Monika schien irritiert. „Eine elektrische Laubsäge?“ Monika blickte fragend von Roswitha zu den kahlen Büschen im Garten und raschelte dabei mit ihrem Fuß im Herbstlaub. „Eine elektrische Laubsäge? Das überrascht mich ... Aber die kannst du jetzt im Garten sicher gut gebrauchen?! – Na ja, ich muss weiter. Tschüss denn.“
Roswitha konnte gerade noch das Fenster schließen, dann lachte sie los. Sie stellte sich vor, wie sie nachher mit ihrer Laubsäge in den Garten gehen würde, um dort Laub zu sägen. Dass sie nicht selbst schon längst auf diese naheliegende Idee gekommen war ...

e. Gesprächsimpulse

- Arbeiten Sie gerne mit den Händen? Wenn ja, was ist Ihre Lieblingstätigkeit?
- Haben Sie ein handwerkliches Hobby? Wenn ja, erzählen Sie davon.
- Was ist Ihr Lieblingshandwerkszeug?
- Erinnern Sie sich an ein Erlebnis, bei dem Ihnen ein Handwerker eine große Hilfe war?

f. Kunterbunte Tipps

- Dekorieren Sie die Tische mit den unterschiedlichsten Werkzeugen.
- Besorgen Sie eine Kleinigkeit zum Mitgeben aus einer Manufaktur Ihrer Region.
- Wenn Sie unter den Seniorenkreislern ehemalige Handwerker haben, dann beziehen Sie diese ein: Laden Sie sie ein, etwas aus ihrem Handwerkerleben zu erzählen.

g. Angedacht

„Sitzt, passt, wackelt und hat Luft! – Geschichten rund ums Handwerk!“ – das war das Thema dieses Nachmittags.

Ums Arbeiten mit den Händen ging es. Und wir haben gesehen: Damit ist so vieles gemeint. Vom Kochen, Backen, Putzen bis zum Malern, Drechseln, Schreinern. Vom Schneidern bis zum Gärtnern. Vom Bodenlegen bis zum Haareschneiden.

Und wenn wir es genau bedenken, dann sehen wir: Wir alle sind Handwerker. Vielleicht keine Profis. Aber wir alle arbeiten in unserem Alltag in verschiedenen Bereich mit unseren Händen.

Vor einiger Zeit habe ich in der Zeitung einen Artikel gelesen. Es ging um den 90. Geburtstag eines Mannes, der im Seniorenheim lebt. Auf einem Foto war er zu sehen, wie er in seiner kleinen Werkstatt im Rollstuhl vor einer großen elektrischen Laubsäge sitzt und sägt. Ein anderes Foto zeigte wunderschöne bunte Tierfiguren, die er hergestellt hat. Es war ein faszinierender Bericht.

Ich selbst bin in den letzten Jahren vielen älteren Menschen begegnet und habe von ihnen vieles gelernt. Und je älter ich selbst werde, desto mehr verstehe ich auch die Herausforderungen, die mit eben diesem Älterwerden verbunden sind.

Obwohl eigentlich die allermeisten Menschen möglichst spät sterben wollen, will doch gleichzeitig niemand alt werden oder alt sein.

Immer wieder höre ich von Menschen, die weit in ihren Achtzigern oder schon über neunzig sind, Sätze wie: „Man sollte nicht so alt werden.“

In Gesprächen mit älteren Menschen spüre ich oft viel Traurigkeit und Melancholie.

Und je älter ich selbst werde, desto mehr verstehe ich das.

Zu wissen, dass die eigene Lebenszeit nicht mehr viele Jahrzehnte lang ist, sondern vielleicht nur noch wenige Jahre; zu spüren, dass manche Fähigkeiten und Möglichkeiten abnehmen, manches nicht mehr möglich ist; zu erleben, dass Weggefährten und Lebensbegleiter wegsterben – all das kann wirklich traurig machen.

Umso erstaunlicher finde ich es, dass es Menschen gibt, ebenfalls oft weit über 80, die eine fröhliche, positive Ausstrahlung haben. Ich würde mir wünschen, selbst einmal ein solcher Mensch zu werden.

Doch wie gelingt das: Die Einschränkungen durch das Älterwerden, die Beschwerlichkeiten des Alters mit einer lebensbejahenden Lebensweise zu verbinden?

Ich selbst habe darauf noch keine fertige Antwort. Ich bin noch auf der Suche nach diesem Geheimnis, wie einem das gelingen kann. Aber ich denke, es kann dabei helfen, wenn ich einen Sinn in meinem Leben sehe. In meinem Leben insgesamt, aber eben auch in meinem jetzigen Lebensabschnitt einen Sinn zu sehen.

Das können Dinge sein, die einem Freude machen. Dinge, die man gut kann.

So wie bei dem 90-jährigen Mann.

Dabei geht es auch darum, das eigene Leben anzunehmen, so wie es ist. Es kann sein, dass Dinge, die früher unser Lebenssinn waren, nun nicht mehr möglich sind. Dann ist es wichtig, neu zu suchen.

In dem Zeitungsartikel wurde berichtet, dass der 90-jährige Jubilar im Alter von 55 aus dem Polizeidienst zwangspensioniert wurde. Ein Schock für ihn damals. Dann hat er sich der Schreinerei zugewendet. Seinem ersten Beruf. Nun im Seniorenheim hat er inzwischen nur noch einen Teil seiner Werkzeuge und Maschinen. Auch das Bemalen seiner Tierfiguren klappt nicht mehr, die Hände kann er nicht mehr ruhig führen.

Leben ist nicht einfach. Das Leben ist oft hart, manchmal auch ungerecht. Schweres gehört zum Leben, und je älter wir werden, desto mehr haben wir auch an Schwerem zu tragen.

Die Welt ist ein unvollkommener Ort. Das stimmt. Aber die Welt bietet auch in jeder Lebensphase Möglichkeiten, sinnvolle Dinge zu tun und neue Wege zu gehen. Der individuelle Lebenssinn, das, was mir ganz persönlich wichtig ist, woran ich Freude habe, das kann sich ändern. Da kann es sein, dass wir in verschiedenen Lebensphasen immer wieder neu suchen müssen.

Aber der grundsätzliche Lebenssinn steht fest und unumstößlich. Er ändert sich nicht und er ist auch nicht von unseren momentanen Möglichkeiten abhängig.

Der tiefe Sinn unseres Lebens besteht darin, dass Gott uns will. Er will, dass wir leben. Er hat uns ins Leben gerufen, weil er uns liebt. Das ist der tiefe Sinn unseres Lebens. Und dieser Sinn bleibt unverrückbar, egal, wie unser gesundheitlicher Zustand ist.

Weil Gott uns aus Liebe ins Leben gerufen hat, deshalb ist unser Leben sinnvoll – darauf dürfen wir vertrauen. Auch dann, wenn unsere Hände womöglich eines Tages nichts mehr arbeiten können.

Und jetzt, wo wir noch Dinge tun können, wo wir noch Möglichkeiten haben – und das ist bei uns allen der Fall, sonst wären wir nicht heute hier – dürfen wir uns daran freuen, was uns noch möglich ist, was uns Freude macht, was wir gerne tun. Wir dürfen uns daran freuen und dankbar dafür sein, was unsere Hände, unsere Füße und unser Kopf noch fertigbringen.

„Mir geht's gut." So wird der 90-jährige Jubilar in dem Zeitungsartikel zum Schluss zitiert. Das wünsche ich Ihnen, das wünsche ich uns allen – dass wir trotz aller Beschwernisse immer wieder zuversichtlich sagen können: „Mir geht's gut."[19]

[19] Den Zeitungsartikel können Sie nachlesen unter: https://www.schwarzwaelder-bote.de/inhalt.calw-in-der-holzwerkstatt-daheim.23113bb3-8c11-4584-8ca5-e9b88a2b5df6.html, abgerufen am 17.08.2021.

Heureka, ich hab's gefunden

Erfindungen, die die Welt veränderten

„Heureka, ich hab's gefunden" – so soll Archimedes vor über 2000 Jahren gerufen haben. Da hatte er gerade beim Baden das später nach ihm benannte „Archimedische Prinzip" entdeckt. Voller Freude sei er dabei nackt durch die Straßen gelaufen ...

„Heureka" rufen auch heute noch Menschen, die ein schwieriges Problem endlich gelöst haben. Und das US-Bundesland Kalifornien hat „Heureka" sogar zu seinem Landesmotto erklärt.

„Erfindungen" sind ein sehr spannendes Thema. Seit Beginn der Menschheitsgeschichte gab es unzählige bahnbrechende Erfindungen. Diese haben das Leben der Menschen teilweise fundamental verändert. Manches ist für uns so selbstverständlich, dass uns das Revolutionäre daran gar nicht mehr bewusst ist. Denken Sie zum Beispiel an die Kunst, Feuer zu entfachen, an die Erfindung des Rades oder an die Entwicklung von Schriftzeichen und die Möglichkeit des Schreibens.

Dabei sind die allermeisten Erfindungen bisher von Männern gemacht worden. Umso wichtiger, dieses Thema auch unter einem frauenaffinen Aspekt für den Seniorenkreis aufzuarbeiten.

a. Die Welt der Erfindungen

 Zum Vorlesen

Bei diesem „Mehr-Satz-Rätsel" sollten Sie nach jedem Satz eine deutliche Pause zum Nachdenken und Zurufen der möglichen Antworten machen. Vielleicht weiß jemand schon nach dem ersten oder zweiten Satz die richtige Antwort?

Wenn Sie merken, dass das Rätsel an einer Stelle nicht richtig verstanden wird oder zu schwer für Ihre Gruppe ist, dann helfen Sie mit ein paar Tipps weiter.

Nachdem die richtige Antwort gegeben wurde, lesen Sie am besten nochmals alle Sätze komplett vor. So kann jeder die einzelnen Aussagen mit der Lösung vor Augen nachvollziehen.

Wählen Sie je nach Kenntnisstand Ihrer Gruppe sechs bis acht Fragen.

1. Viele Besucher von Ost- und Nordsee sind schon daringesessen.
   Als Erfinder gilt ein Rostocker Korbmacher.
   An vielen Stränden gibt's die Dinger zu mieten.
   Was ist das?
   Strandkorb (als Erfinder gilt Wilhelm Bartelmann, 1845–1930)

2. Der Anlass für diese Erfindung war ein dramatisches Erlebnis: Die dreijährige Tochter des Erfinders wäre fast in einem Goldfischteich ertrunken.
   Seither hat die Erfindung viele Kinder vor dem Ertrinken bewahrt.
   Das Produkt gibt es in verschiedenen Größen – für Babys bis zum Erwachsenen.
   Welche Erfindung könnte das sein?
   Schwimmflügel (Erfinder Bernhard Markwitz, 1920–2000)

3. Mit diesem Produkt haben schon Generationen von Kindern gespielt.
   Aber auch Modellbauer nutzen das Produkt.

Und in manchen Trickfilmen spielen Figuren, die aus dieser Masse gemacht werden.
Was ist gemeint?
Plastilin (1890 erfunden von Franz Kolb)

4. Dieses Produkt hat wohl jeder von uns schon einmal in den Händen und an den Händen gehabt.
Seit Generationen kann man das Produkt in kleinen Dosen kaufen – diese sind rund und vor allem blau.
Zu finden ist der Artikel in der Drogerieabteilung mit den Hautcremes.
Was ist gemeint?
Nivea Creme (1911 entwickelt von Oscar Troplowitz, 1863–1918, und Paul Gerso Unna, 1850–1929)

5. Der Erfinder Heinrich Wöhlk war stark weitsichtig und trug eine Brille mit + 9,0 Dioptrien.
Die schwere Brille störte ihn und er suchte nach einer Lösung.
Seine Erfindung hilft heute unzähligen Menschen, auch ohne Brille gut zu sehen.
Was hat Heinrich Wöhlk erfunden?
Kontaktlinsen (Heinrich Wöhlk, 1913–1991)

6. Ihr Mann machte die Erfindungen und sie selbst war eine patente Frau.
Am Morgen des 5. Augusts 1888 machte sie sich mit ihren zwei Söhnen auf zu einem Ausflug mit einem völlig neuen Fortbewegungsmittel.
Diese Ausfahrt wurde legendär und war der Beginn einer großen Erfolgsgeschichte.
Wie ist der Name dieser patenten Frau?
Bertha Benz, 1849–1944

7. Die gesuchte Person ist vor allem als Bundeskanzler bekannt geworden.
   1915 erhielt er zusammen mit zwei weiteren Personen ein Patent „für ein Verfahren zur Herstellung eines dem rheinischen Roggenschwarzbrot ähnelnden Schrotbrotes".
   Am Rhein wurde die gesuchte Person auch geboren, genauer gesagt in Köln.
   Wie heißt die Person?
   Konrad Adenauer (1876–1967)

8. Diese Erfindung ist besonders wichtig nach Unfällen in Atomkraftwerken.
   Sie hilft dabei, radioaktive Strahlung zu messen.
   Diese Erfindung ist nach ihrem Erfinder benannt.
   Was ist gemeint?
   Geigerzähler (Hans Geiger, 1882–1945)

9. Käthe Paulus war eine der wenigen Erfinderinnen ihrer Generation und eine ungewöhnliche Frau.
   Sie erfand Ende des 19. Jahrhunderts den zusammenfaltbaren Fallschirm.
   1893 wagte sie als erste deutsche Frau einen Fallschirmsprung und trat später bei Veranstaltungen als Luftakrobatin auf.
   Von wo aus sprang Käthe Paulus damals in die Tiefe?
   Von einem Luftschiff oder Ballon (Käthe Paulus, 1868–1935)

10. Der Erfinder Heinz Kunert sorgt bis heute für einen klaren Durchblick auch beim Rückblick.
    Alle Autofahrer werden es ihm wohl danken.
    Heizdrähte und Scheiben spielen dabei eine wichtige Rolle.
    Was hat Heinz Kunert wohl erfunden?
    Heckscheibenheizung im Auto (Anfang der 1960er Jahre, Heinz Kunert, 1927–2012)

11. Diese Erfindung landete heute Morgen beim Frühstück vielleicht schon in Ihrer Tasse.
    Seit 1949 gibt es die kleinen Doppelkammerbeutel mit Heftklammerverschluss.
    Ein kleiner Faden mit einem Etikett hilft, die richtige Geschmackrichtung zu finden.
    Welches Produkt ist gemeint?
    Teebeutel (Adolf Rambold, Mitarbeiter der Firma Teekanne, 1900–1996)

12. Diese Erfindung geht u. a. auf den deutschen Ingenieur Walter Linderer zurück.
    1951 erhielt er das Patent über eine „Einrichtung zum Schutze von in Fahrzeugen befindlichen Personen gegen Verletzungen bei Zusammenstößen".
    Erst 30 Jahre später wurden in den Fahrzeugen der Mercedes-Benz S-Klasse die ersten deutschen Autos mit einer Weiterentwicklung seiner Erfindung ausgestattet und sie hat seither viele Menschenleben gerettet.
    Was hat Walter Linderer erfunden?
    Den Airbag

b. „Wer hat's erfunden …?"

 Auch zum Vorlesen

 Schriftliches Ratespiel, jeweils zu zweit oder dritt spielbar

 Kopiervorlage auch im Downloadbereich

Bei diesem Spiel geht es um die Frage der Zuordnung: Welche Erfindung gehört zu welchem Erfinder? Verteilen Sie nur so viele Rätselblätter, dass immer kleine Gruppen zum Raten gebildet werden.

Als Vorlese-Spiel können Sie alternativ die Namen der Erfinder in großen Buchstaben jeweils auf einen Zettel schreiben und auf den Tischen verteilen. Lesen Sie dann die Erfindungen vor und fragen, wer auf seinem Tisch den dazu passenden Namenszettel hat.

Übrigens: Manche Erfindungen haben mehrere Erfinder. Diese hier genannten Personen aber sind auf jeden Fall dabei beteiligt.

Erfinder und Erfindungen – Was gehört zusammen?

1. Buchdruck
2. Zucker aus Rüben
3. Zauberwürfel
4. Dampfmaschine
5. Automobil
6. Permanentes Fließband
7. Telefon
8. Computer
9. Fernsehen
10. Kühlschrank
11. Google
12. Fotografie
13. Dauerwelle
14. Raufasertapete

a. Andreas Sigismund Marggraf
b. Carl Friedrich Benz
c. Carl Paul Gottfried von Linde
d. Ernö Rubik
e. Henry Ford
f. Hugo Erfurt
g. James Watt
h. Johann Philipp Reis und Graham Alexander Bell
i. Johannes Gutenberg
j. Karl Ludwig Nessler
k. Konrad Zuse
l. Larry Page und Sergey Brin
m. Louis Jacques Mandé Daguerre
n. Paul Nipkow

Auflösung:

1. Buchdruck – Johannes Gutenberg (*1400, +26.2.1468)
2. Zucker aus Rüben – Andreas Sigismund Marggraf (3.3.1709–7.8.1782)
3. Zauberwürfel – Ernö Rubik (*13.7.1944), Zauberwürfel 1974 erfunden
4. Dampfmaschine – James Watt (1736–1819)
5. Automobil – Carl Friedrich Benz (25.11.1844–4.4.1929)
6. Permanentes Fließband – Henry Ford (30.7.1863–7.4.1947)
7. Telefon – Johann Philipp Reis (1834–1874) und Graham Alexander Bell (1847–1922)
8. Computer – Konrad Zuse (22.6.1910–18.12.1995)
9. Fernsehen – Paul Nipkow (22.8.1860–24.8.1940)
10. Kühlschrank – Carl Paul Gottfried von Linde (11.6.1842–16.11.1934)
11. Google – Larry Page (*26.3.1973) und Sergey Brin (*21.8.1973)
12. Fotografie – Louis Jacques Mandé Daguerre (18.11.1781–10.7.1852)
13. Dauerwelle – Karl Ludwig Nessler (2.5.1872–22.1.1951)
14. Raufasertapete – Hugo Erfurt (13.2.1834–4.3.1922)

c. „Der große Preis" – Das Quiz der außergewöhnlichen Erfindungen

Zum Vorlesen ohne weitere Vorbereitung, wenn Sie einfach nur ausgewählte Fragen stellen.

Ratespiel mit animierter PowerPoint-Präsentation (läuft nur unter Microsoft PowerPoint) Punktevorlage zum Ausdrucken

Dieses Ratespiel ist so konzipiert, dass durch die längeren Fragen gleichzeitig eine Einstimmung ins Thema ermöglicht wird.

Das Quiz ist aufgebaut wie das bekannte Ratespiel „Der große Preis". Für das Spiel ist es gut, wenn Sie zu dritt sind: Eine stellt die Fragen und leitet das Quiz, ein Zweiter löscht die gestellten Fragen auf der Punkte-Vorlage, die Dritte notiert den Punktestand der verschiedenen Gruppen.

Zum Herunterladen finden Sie für dieses Spiel eine leicht zu handhabende PowerPoint-Präsentation. Diese ist so animiert, dass Sie nach und nach in beliebiger Reihenfolge die Punkte-Kategorien löschen können. Es werden dann jeweils nur noch die Punkte-Kategorien angezeigt, die noch zu lösen sind. Alternativ können Sie auch die Punktevorlage aus dem Downloadbereich auf ein großes Plakat kopieren oder das Ganze selbst zeichnen.

Teilen Sie alle Besucher Ihres Kreises in drei bis vier Gruppen ein. Alle Gruppenmitglieder sollten beieinandersitzen.
***1. Variante:** Spielen Sie den „Großen Preis" ganz klassisch: Die erste Gruppe beginnt und darf sich eine Frage aussuchen. Beantwortet sie diese richtig, bekommt die Gruppe den entsprechenden Punktewert gutgeschrieben. Dann kommt die nächste Gruppe an die Reihe. – Beantwortet die erste Gruppe die Frage falsch, dann geht die Frage automatisch an die zweite Gruppe weiter. Antwortet diese richtig, bekommt die zweite Gruppe den Punktewert gutgeschrieben. Die Fragenreihenfolge wird dadurch nicht berührt – das heißt, dass in einem solchen Fall die zweite Gruppe sich nun ganz regulär eine eigene Frage aussuchen darf.*
***2. Variante:** Um möglichst viele Seniorenkreisler zu beteiligen, empfiehlt sich diese Variante, bei der jede Gruppe zu jeder Frage eine Antwort geben darf: Gruppe 1 wählt eine beliebige Frage aus den Rubriken aus. Diese Frage wird vorgelesen. Jede Gruppe berät anschließend und schreibt ihre Antwort auf einen Zettel. Alle Gruppen mit der richtigen Lösung bekommen den jeweiligen Punktewert der Frage gutgeschrieben. (Das bedeutet, dass der Punktewert der Frage in einer Runde mehrfach verteilt werden kann.) Danach darf sich die zweite Gruppe eine Frage aussuchen usw.*

Bei einem „Joker" erhält diejenige Gruppe, die diese Frage ausgewählt hat, die Punktezahl „geschenkt". Die anderen Gruppen gehen leer aus.

Rubrik: Marken

20 Punkte-Frage:

Artur Fischer hat unzählige Dinge erfunden. Seine wohl bekannteste Erfindung kennt jeder Handwerker. Was ist es?

eine spezielle Form des Dübels, Artur Fischer (31.12.1919–27.1.2016)

40 Punkte-Frage:

Es wird ein besonderes Getränk gesucht. Dieses Getränk wurde 1889 durch Zufall erfunden. Der amerikanische Erfinder und Apotheker John Pemberton wollte eigentlich ein Getränk herstellen, das gegen Kopfschmerzen hilft. – Bis heute erfreut sich das Getränk großer Beliebtheit auf der ganzen Welt. Und tatsächlich verwenden es manche Menschen auch bei gesundheitlichen Problemen – aber nicht bei Kopfschmerzen, sondern bei Durchfall. Wie heißt das Getränk?

Coca Cola, John Pemberton (8.7.1831–16.8.1888)

60 Punkte-Frage:

Das gesuchte Produkt gehört im weitesten Sinn in den Bereich der Papier- und Schreibwaren. Dort gab es bereits Produkte wie Pelikan, Adler oder Marabu. Deshalb gab der Erfinder August Fischer seiner Erfindung ebenfalls den Namen eines Vogels.

Was hat August Fischer erfunden?

den Klebstoff UHU, August Fischer (15.11.1868–13.12.1940)

80 Punkte-Frage:

Joker

100 Punkte-Frage:

Der Erfinder mit dem Vornamen Nikola wurde 1856 im heutigen Kroatien geboren. Sein Vater war serbisch-orthodoxer Priester. Im Alter von 28 zog Nikola nach New York und arbeitete kurze Zeit in dem Unternehmen von Thomas Alva Edison. In den USA arbeite er viele Jahre und starb 1943 in New York. Für seine Verdienste im Bereich der Elektrotechnik wurde Nikola unter anderem 12-mal die Ehrendok-

torwürde verliehen. Heute trägt eines der zukunftsträchtigsten Unternehmen unserer Zeit den Nachnamen von Nikola.
Wie heißt Nikola mit Nachnamen, wie heißt das heutige Unternehmen?
Nikola Tesla (10.7.1856–7.1.1943), Tesla, Inc.

Rubrik: Menschen
20 Punkte-Frage:
Die gesuchte Person war ein überaus fleißiger Erfinder. Fast 1100 Patente hat er im Laufe seines Lebens angemeldet. Bekannt wurde er als Erfinder der Glühbirne – dabei hat er diese nach heutigen Erkenntnissen nicht selbst erfunden, aber verbessert.
Wie ist der Name dieses Erfinders?
Thomas Alva Edison (11.2.1847–18.10.1931)

40 Punkte-Frage:
Die gesuchte Person gilt als einer der größten Universalgelehrten der Welt. In seinen Werken finden sich Skizzen und Ideen zu Erfindungen, die seiner Zeit weit voraus waren.
Wie ist der Name dieses Erfinders?
Leonardo da Vinci (15.4.1452–2.5.1519)

60 Punkte-Frage:
Joker

80 Punkte-Frage:
Unter den unzähligen Erfindern der Weltgeschichte finden sich vergleichsweise wenige Frauen. Eine von ihnen hatte im Jahr 1908 eine geniale Idee, um die Kaffeeherstellung zu vereinfachen. Ihre Erfindung wurde nach ihrem Vornamen benannt und wird auch heute noch in vielen Haushalten beim Kaffeekochen benutzt.
Was hat diese Frau erfunden?
Melitta Filtertüten, Melitta Bentz (31.1.1873–29.6.1950)

100 Punkte-Frage:
Helene Winterstein-Kambersky lebte von 1900-1966 und war Sängerin und Erfinderin. Sie gründete in den 30er-Jahren ein Kosmetikunternehmen. Dieses produziert ihre Erfindung in fast unveränderter Form bis heute. Ihre Erfindung ist wasserfest. Die Rezeptur ihres Erzeugnisses enthält u. a. Wasser, gebleichtes Bienenwachs, Kohlenwasserstoffgemisch, Leinsamenöl, Rizinusöl und den Lebensmittelfarbstoff Eisenoxidschwarz.
Was hat Helene Winterstein-Kambersky erfunden?
Wasserfeste Wimpertusche

Rubrik: Allerlei
20 Punkte-Frage:
Joker

40 Punkte-Frage:
Manchmal wollen Menschen ausdrücken, dass etwas nicht ihrer ursprünglichen Absicht entspricht. Dann benutzen sie gerne die Redewendung: „Das ist nicht im Sinne des ...“?
Erfinders

60 Punkte-Frage:
Im Jahr 2017 wurden beim Deutschen Patentamt rund 67.000 Patente von Frauen und Männern angemeldet. Wie hoch war der Frauenanteil: 6 %, 15 %, 40 %?
6 %

80 Punkte-Frage:
Welches innovative Biotechnologieunternehmen residiert in Mainz unter der Adresse „An der Goldgrube 12“?
BionTech

100 Punkte-Frage:
Wie viele Patente wurden weltweit im Jahr 2018 beantragt: 763.462, über 3,3 Millionen, fast 1 Milliarde?
über 3,3 Millionen

Rubrik: Medien
20 Punkte-Frage:
Hier geht es um eine Comicfigur, die von Beruf Erfinder ist. Die Figur kam 1952 zum ersten Mal zum Einsatz und gehört zum Walt-Disney-Unternehmen. Der Wahlspruch der Comicfigur lautet: „Dem Ingenör ist nichts zu schwör."
Wie ist der Name der Comicfigur?
Daniel Düsentrieb

40 Punkte-Frage:
Joker

60 Punkte-Frage:
In diesem Märchen der Brüder Grimm geht es um „Fake News". Ein Müller behauptet, dass seine Tochter aus Stroh Gold spinnen könne.
Welches Märchen ist gemeint?
Rumpelstilzchen

80 Punkte-Frage:
Der Amerikaner Benjamin Tyler Henry entwickelte ein besonderes Gewehr. Für das sogenannte „Henry Gewehr" erlangte er 1860 ein Patent. Dieses Gewehr inspirierte in Deutschland den Autor Karl May zu einer Waffe, die er „Henrystutzen" nannte.
Welcher Romanfigur gehört dieser „Henrystutzen"?
Old Shatterhand, Benjamin Tyler Henry (22.3.1821–8.6.1898)

100 Punkte-Frage:
Bei dieser Frage geht es um eine amerikanische Fernsehserie. Sie wurde zunächst in den Jahren von 1985 bis 1992 produziert und erlangte

Kultstatus. Seit 2016 gibt es eine neue, verjüngte Version der Serie. Die Sendungen waren bzw. sind in Deutschland auf Sat1 zu sehen. Die Serie ist nach ihrer Hauptfigur benannt. Dieser hat kreative und erfinderische Fähigkeiten, die ihm immer wieder helfen, alle möglichen brenzligen Situationen zu überstehen.
Wie heißt die Hauptfigur und damit auch die Serie?
MacGyver

Rubrik: Skurriles
20 Punkte-Frage:
Gesucht wird eine spezielle Eiskreation. Wer sie genau erfunden hat – darüber gibt es Uneinigkeit. Dieses Eisgericht gibt es seit 1969 und erfreut sich großer Beliebtheit. Nur manche Kinder sollen zuweilen schon geweint haben, weil sie dachten, sie bekämen kein Eis, sondern Nudeln.
Wie heißt das Eisgericht?
Spaghettieis

40 Punkte-Frage:
Walter Thiele hat viele Dinge erfunden. Über 1600. Einige davon sind nützlich, bei anderen ist das eher fraglich. Unter anderem erfand er den sogenannten „Lachsack“ und wurde dadurch zum Millionär. Mitte der 1960er Jahre entwickelte er sprechende Papageien für eine damals sehr beliebte Restaurantkette.
Der Werbespruch, den die Papageien von sich gaben, lautete: „Heute bleibt die Küche kalt, wir gehen in den …“?
*Wienerwald, Walter Thiele (*16.2.1921)*

60 Punkte-Frage:
In Science-Fiction-Filmen kommen immer wieder Dinge vor, die noch niemand erfunden hat und die womöglich auch niemand erfinden kann – so auch in der Serie „Raumschiff Enterprise“ aus der amerikanischen Star-Trek-Reihe.

In diesen Filmen können Menschen und Gegenstände von einem Ort an den anderen „gebeamt“ werden. Ein Satz zu dieser Technik wurde dabei weltbekannt.
Wie lautet er?
„Beam me up, Scotty“ (Beam mich hoch, Scotty)

80 Punkte-Frage:
Wie so oft in der Geschichte kommt eine Erfindung nicht aus heiterem Himmel, sondern es gibt diverse Vorstufen. So war es auch bei Karl Wald, einem deutschen Fußballschiedsrichter. Er entwickelte ein bis heute international gültiges Regelwerk, um bei einem unentschiedenen Fußballspiel zu einer abschließenden Entscheidung zu kommen.
Was hat Karl Wald erfunden?
Das Elfmeterschießen in seiner heutigen Form, Karl Wald (17.2.1916–26.7.2011)

100 Punkte-Frage:
Joker

Heureka! - Ich hab’s erfunden!

Marken	Menschen	Allerlei	Medien	Skurriles
20	20	20	20	20
40	40	40	40	40
60	60	60	60	60
80	80	80	80	80
100	100	100	100	100

Grafik: https://pixabay.com/de/vectors/idee-erfindung-erfinder-denken-152213/, abgerufen 11032021

d. Vorlesegeschichte: Das YouTube-Video

Unzählige „Erfindungen" gibt es im alltäglichen Leben: dann nämlich, wenn Alltagsprobleme kreativ gelöst werden müssen. Natürlich kann man für diese Ideen kein Patent anmelden. Aber es zeigt, dass in uns allen kleine Erfinder stecken.

Es war der Montag nach dem 1. Advent:
„Ich habe eine Idee", sagte Fritz beim Frühstück und schmierte Butter auf sein Toastbrot. „Ich mache ein YouTube-Video. Für unsere Enkelkinder. Mit der Weihnachtsgeschichte auf Schwäbisch." Er biss ein Stück vom Brot ab, nahm einen Schluck Kaffee und schaute seine Ehefrau erwartungsvoll an. „Was meinst du dazu?"
Erika las gerade die Zeitung. Sie schaute ungläubig zu Fritz hinüber. „... aber du verstehst doch überhaupt nichts von YouTube-Videos ..."
„Das wird schon nicht so schwer sein, Erika. Das kriege ich hin", antwortete Fritz und trank seinen Kaffee leer.
Fritz war Pfarrer und seit wenigen Monaten im Ruhestand. Er machte sich sofort nach dem Frühstück an die Arbeit und übersetzte die Weihnachtsgeschichte direkt vom Griechischen ins Schwäbische.
Zum Mittagessen war er fertig.
„Nachher mache ich gleich eine Aufnahme, Erika. Mit unserem Fotoapparat. Der macht ja so kleine Filmchen. Das müsste gehen. Hilfst du mir?"
Nach dem Mittagessen wurde das Wohnzimmer umgeräumt. Das Sofa und der Sessel wechselten die Position, der Couchtisch wurde auf die Seite geschoben. Fritz klappte sein Stativ auf und befestigte den Fotoapparat. „So müsste es gehen", meinte er, startete das Filmprogramm und setzte sich probehalber in den Sessel.
„Wir brauchen mehr Licht. Du sitzt ja im Dunkeln", sagte Erika. Sie schnappte sich die Stehlampe aus der Ecke und stellte sie neben den Sessel – aber nur so weit, dass sie auf dem Film nicht zu sehen war. Fritz machte eine weitere Probeaufnahme. „Das ist noch zu dunkel. Wir brauchen einen Baustrahler."

Damit waren die Filmaufnahmen für diesen Tag beendet. Am Dienstag fuhr Fritz direkt nach dem Frühstück in den Baumarkt und besorgte Strahler. Im Wohnzimmer stand noch alles vom Vortag bereit, und Erika und Fritz probierten die neue Beleuchtung sofort aus.

„Fritz, jetzt scheint dir vom Fenster her die Sonne ins Gesicht. Wir brauchen eine Abdeckung. Ich hab auch schon eine Idee." Erika bekam langsam Spaß an der Sache. Flugs lief sie die Treppen hinunter in den Keller und holte zwei große Kartons vom letzten Möbelkauf. „Damit müsste es gehen", meinte Erika und deckte einen Teil des Fensters mit den Kartons ab.

Fritz machte eine weitere Probeaufnahme. Das Licht war jetzt gut. „Das mit dem Sessel ist nichts. Wir brauchen einen Bistrotisch. Ich rufe beim Pfarramt an, ob die uns einen leihen können."

Das Pfarramt war erst mittwochs wieder besetzt, der Tisch konnte am Freitag abgeholt werden.

„Das ist viel besser", fand Fritz und machte einen Film.

„Der Ton ist schlecht", fand Erika. „Der Fotoapparat ist doch nicht für ein YouTube-Video geeignet."

Am Montag nach dem 2. Advent fuhren die beiden in einen Elektromarkt, um eine richtige Videokamera zu kaufen. Als sie heimkamen, hatten sie stattdessen ein brandneues, hochprofessionelles und superteures Smartphone im Gepäck. Der Ton sei gut, hatte der Verkäufer versprochen. Und das war er dann auch.

Am Tag darauf saßen Fritz und Erika beim Frühstück. Das Wohnzimmer glich noch immer einem Filmstudio.

„Ich habe eine Idee", sagte Fritz. „Es ist doch langweilig, wenn auf dem Video die ganze Zeit nur ich zu sehen bin. Wir fügen ein paar Szenen mit Krippenfiguren ein." Er biss ein Stück vom Brot ab, nahm einen Schluck Kaffee und schaute seine Ehefrau erwartungsvoll an. „Was meinst du dazu?"

Nachmittags telefonierte Fritz mit seiner Schwiegertochter in München. Sie besaß wunderbare Holzfiguren. Die könne sie gerne mit der Post schicken.

Am Freitag kam das Päckchen und Fritz packte es erwartungsvoll aus. Schafe, Esel, Hirten Maria, Josef, das Jesuskind in der Krippe.
„Wir brauchen aber auch noch einen Engel und die drei Könige", sagte Fritz und schaute seine Ehefrau fragend an.
„Ruf doch im Kindergarten an, vielleicht haben die ein paar Figuren übrig."
Am Montag nach dem 3. Advent holte Fritz die Sachen ab. Zwei Tage später sollte er die Figuren wieder zurückbringen. Schließlich wollten die Kindergartenkinder auch Advent feiern.
Die Weihnachtsszenen wurden im Esszimmer aufgebaut. Das war nun auch ein Filmstudio.
Fritz brachte die neue Kamera in Position und startete Probeaufnahmen. „Das ist noch zu langweilig. Wir brauchen etwas Bewegung."
„Ich habe eine Idee", sagte Erika und kam mit einem Duplo-Auto aus der Spielzeugkiste der Enkelkinder wieder. Sie schnallte die Kamera mit Gummis an das Auto und befestigte eine Schnur an der kleinen Anhängerkupplung.
Fritz startete die Aufnahme und zog langsam an der Schnur. Die Kamera bewegte sich und hauchte der Weihnachtsszene Leben ein.
„Das ist toll", rief Erika. „Hast du alles aufgenommen? Dann räume ich jetzt auf."
„Lass mal alles stehen", antwortete Fritz. „Wer weiß, ob wir nicht einzelne Szenen nochmals aufnehmen müssen."
Und dann setzte sich Fritz an den Computer und arbeitete an seinem Video. Es wurde Mittwoch, Donnerstag, Freitag, Samstag und schließlich kam der 4. Advent. Das Wohnzimmer und das Esszimmer waren immer noch ein Filmstudio. Aber die schwäbische YouTube-Weihnachtsgeschichte war endlich fertig und stand im Internet.
Freunde und Bekannte mailten begeistert zurück. Die Klickzahlen des Videos stiegen zur Freude von Fritz und Erika kontinuierlich. Nur für die Enkelkinder war das Video nichts. Sie waren einfach noch zu klein dafür.

e. Gesprächsimpulse

- Haben Sie selbst schon einmal etwas erfunden? Sind Sie Inhaber eines Patents? Wenn ja – erzählen Sie davon!
- Kennen Sie jemanden, der etwas erfunden hat oder der Inhaber eines Patents ist?
- Auf welche Erfindung würden Sie auf gar keinen Fall mehr verzichten wollen – zum Beispiel im Haushalt, in der Medizin, im Alltagsleben, in der Industrie?
- Wenn Sie sich eine fantastische Erfindung wünschen könnten – was würde das sein?
- Welche Erfindungen haben Ihr Leben am nachhaltigsten verändert?
- Wie geht es Ihnen damit, dass sich unsere Welt immer weiter und wohl auch immer schneller verändert?
- Was denken Sie – warum gibt es unter den „Erfindern" so wenig „Erfinderinnen"?
- Hätten Sie als Frau Lust gehabt, Dinge zu erfinden – wenn Sie die entsprechende Förderung und das passende Umfeld dafür gehabt hätten?
- Hätten Sie gerne bei „Jugend forscht" mitgemacht, wenn es diesen Wettbewerb zu Ihrer Schulzeit schon gegeben hätte?

f. Kunterbunte Tipps

Am 9. November wird in Deutschland der „Tag der Erfinder" gefeiert. Vielleicht haben Sie Lust, in Ihrem Seniorenkreis diesen Tag als Anlass für das Thema „Heureka, ich hab's gefunden" zu nehmen?

g. Angedacht

Wir blicken heute mal in einen Kindergarten: Einige Kindergartenkinder stehen in der Küche. Heute wird gebacken. Kekse stehen auf dem Speiseplan. Die unterschiedlichsten Ausstechformen hat die Erzieherin bereitgelegt: einen Stern, eine Ente, einen Stiefel, eine Eisenbahn und viele andere.

Auch der Teig ist schon fertig. Die Kinder haben ihre Schürzen an und nun kann es losgehen. Der Plan der Erzieherin ist: Jedes Kind bekommt einen Klumpen Teig. Die Kinder wellen ihn aus, stechen Kekse mit den Formen aus und legen diese Teile auf ein Blech.

Es dauert nicht lange, da merken die Kinder, dass man auch ganz anderes mit dem Teig machen kann, z. B. lange Schlangen oder kleine Kugeln. Und die Kugel kann man mit dem Finger durchbohren, bis die Fingerspitze auf der anderen Seite wieder herauskommt. Oder man kann die Teigkugel als Ball benutzen und auf das Blech werfen. Oder einfach auf ein anderes Kind. Teigstücke sind ja so vielfältig verwendbar!

Kinder sind kreativ. So kommen sie auf die Welt. Mit viel Neugierde und Fantasie. Und da werden im Laufe des Heranwachsens die erstaunlichsten Dinge ausprobiert.

Wir Menschen sind alle kleine „Erfinder". So sind wir geschaffen. Als Menschen, die schöpferisch begabt sind. Als Menschen, die Talent zum Gestalten haben.

Natürlich ist nicht jeder von uns ein Leonardo da Vinci oder ein Thomas Alva Edison. Aber wir alle haben kreative, gestalterische Begabungen.

Vielleicht ist manches im Laufe der Jahrzehnte eingeschlafen. Vielleicht ist uns selbst unser kreatives Potenzial gar nicht bewusst, weil es so selbstverständlich ist.

Diese kreative, gestalterische Ader, die uns allen mitgegeben ist, kann sich auf ganz unterschiedliche Bereiche beziehen: aufs Technische, aufs Handwerkliche, aufs Alltägliche, aufs Musische oder Künstlerische.

Das kann die Freude am Gestalten des Gartens sein. Das Ausprobieren beim Kochen oder die Fantasie beim Dekorieren der Speisen. Das können liebevolle Formulierungen von Geburtstagsgrüßen sein. Das kreative Spielen mit den Enkeln. Oder das Lösen eines handwerklichen Problems.

Gott hat uns allen die Gabe mitgegeben, schöpferisch tätig sein zu können, unser Leben, unsere Umwelt gestalten zu können. Zum Lösen von Problemen, aber auch zur Freude unserer Seele. Denn Schönes zu gestalten tut uns Menschen gut.

Vielleicht haben Sie Lust, Ihr Augenmerk in der nächsten Zeit wieder ein bisschen mehr auf diesen Aspekt zu lenken. Vielleicht haben Sie Lust, wieder einmal etwas Schönes herzustellen, die Wohnung umzuräumen oder anders zu gestalten. Vielleicht haben Sie Lust, sich einmal wieder einem alten Hobby zu widmen.

Das wünsche ich Ihnen – dass Sie neue Freude an Ihrer kreativen Seite bekommen.

So wie es in einem neueren geistlichen Lied heißt.
„Ich wünsch dir Gottes Segen, entfalte alles, was du in dir spürst,
die Dinge, die dir liegen, auch wenn du mal gewinnst und mal verlierst.
Wag neue Wege, probier dich einfach immer wieder aus,
lass dich nicht verbiegen, lebe mutig, offen, geradeaus.
Ich wünsch dir diesen Segen!“[20]

---

[20] Gott segne dich, Martin Pepper © 2011 mc-peppersongs, Berlin, https://martinpepper.de/gott-segne-dich/, abgerufen am 16.07.21.

Loch an Loch und hält doch

Dazu gibt es Sachen, zum Staunen und zum Lachen

Taugt das „Loch“ als Thema für einen Seniorenkreis?

Ich finde schon. Und ich behaupte ganz kühn: Ohne „Löcher“ würde es unsere Welt gar nicht geben! Löcher sind existentiell.

Dabei haben „Löcher“ ein bisschen ein Imageproblem. Oftmals wird das Wort „Loch“ in einem abwertenden Zusammenhang verwendet. Oder etwas Defizitäres wird damit benannt. Denken Sie zum Beispiel an das Schlagloch, das Ozonloch oder ganz einfach an das Loch im Strumpf.

Dabei sind Löcher in der Regel überaus hilfreich: Was würden wir tun ohne Löcher im Brot, ohne Knopflöcher oder Nadelöhre, ohne Abflüsse jeder Art? Können Sie sich Flaschen ohne Öffnung vorstellen? Häuser ohne Fenster oder Türen? Musikinstrumente ohne Schall- oder Tonlöcher?

Ich finde, es ist höchste Zeit, sich einmal den „Löchern“ unserer Welt zu widmen – mit größter Hochachtung für ihre Verdienste und mit einem kleinen Lächeln im Gesicht.

a. „Ohne Löcher gäb's uns nicht" – Heiteres Beruferaten

 Zum Vorlesen

Bei diesem Ratespiel geht es darum, Berufe zu erraten, bei denen „Löcher" eine wichtige Rolle spielen. Es eignet sich besonders gut im mittleren Teil eines Nachmittages – wenn das Thema „Loch" mit seiner Vielfalt schon eingeführt ist.

Bei diesem „Mehr-Satz-Rätsel" sollten Sie nach jedem Satz eine deutliche Pause zum Nachdenken und zum Zurufen der möglichen Antworten machen. Vielleicht weiß jemand schon nach dem ersten oder zweiten Satz die richtige Antwort?

Wenn Sie merken, dass das Rätsel an einer Stelle nicht richtig verstanden wird oder zu schwer für Ihre Gruppe ist, dann helfen Sie mit ein paar Tipps weiter.

Nachdem die richtige Antwort gegeben wurde, lesen Sie am besten nochmals alle Sätze komplett vor. So kann jeder die einzelnen Aussagen mit der Lösung vor Augen nachvollziehen.

Wählen Sie für Ihren Nachmittag vier bis sechs Berufe-Fragen aus.

1. Die Löcher, mit denen ich zu tun habe, kann man nicht anfassen und nicht sehen.
   Diese Löcher kommen oftmals bei Kindern vor, aber auch bei Erwachsenen.
   Wenn Erwachsene solche Löcher haben, dann googeln sie oder schlagen in einem Lexikon nach.
   Wenn Kinder solche Löcher haben, dann kann ich ihnen helfen.
   Was ist mein Beruf?
   Lehrer (es geht um „Wissenslöcher")

2. In meinem wichtigsten Handwerkszeug befindet sich ein kleines Loch. Dieses Loch ist nur wenige Millimeter groß.
   Viele Menschen kommen zu mir und bringen mir ganz persönliche Sachen. Diese Sachen haben Löcher ganz unterschiedlicher Art.
   Ich repariere die störenden Löcher. Danach sind die Gegenstände wieder voll funktionstüchtig.
   Manchmal aber kommen auch Menschen zu mir, die etwas ganz Neues wollen. Auch dann kann ich ihnen helfen.
   Was ist mein Beruf?
   Schneider (das Werkzeug mit dem kleinen Loch ist die Nadel mit dem Nadelöhr)

3. Die Löcher, die mich beschäftigen, befinden sich mehrere Meter über der Erde.
   Einer meiner Aufgaben ist es, diese Löcher sauber zu machen.
   Dabei werde ich selbst oftmals richtig schmutzig.
   Trotzdem finden mich viele Menschen toll und freuen sich immer, mich zu sehen.
   Was ist mein Beruf?
   Schornsteinfeger (mit dem Loch ist das Kamin/der Schornstein gemeint)

4. Ich komme jeden Tag an Hunderten von Löchern vorbei.
   Diese Löcher sind nicht rund, sondern rechteckig und meist länglich.
   Ich befülle diese Löcher jeden Werktag aufs Neue mit flachen Gegenständen aus Papier oder Karton.
   Manchmal ist ein Loch für meine Füllung zu klein. Dann werfe ich einen Zettel hinein oder klingle bei dem Besitzer des Nachbarloches.
   Was ist mein Beruf?
   Briefträger (mit den „Löchern“ sind die Schlitze der Briefkästen gemeint)

5. Mich könnte man als den „Herrn der Löcher“ bezeichnen.
   Mein wichtigstes Handwerkszeug besteht ausschließlich aus Löchern – und natürlich aus den Schnüren um diese Löcher herum.
   Mithilfe dieser Löcher kann ich Menschen satt machen.
   Ich kann meinen Beruf allerdings nicht überall ausüben – nur da, wo es genügend Wasser gibt.
   Was ist mein Beruf?
   Fischer (die Fischernetze bestehen aus „Löchern“)

6. Es ist kaum zu glauben, aber ohne Löcher würde bei mir alles auseinanderfallen.
   Bei meiner Arbeit ist Genauigkeit und Präzision gefragt. Die Löcher in meinem Werkstück müssen immer an der richtigen Stelle sitzen, sonst nützen sie nichts.
   Die Löcher, die ich brauche, bohre ich selbst in das Holz.
   Wenn mein Werkstück fertig ist, dann sind auch die Löcher verschwunden. Und das ganz ohne Zauberei.
   Was ist mein Beruf?
   Schreiner

7. Damit es bei meiner Arbeit so richtig viele Löcher gibt, brauche ich ein paar Hilfsmittel – unter anderem Wärme und Hitze.
   Wenn sich die Löcher vermehren, dann duftet es ganz herrlich.
   Meine „Löcher“ und ihr Drumherum kann man essen.
   Viele Menschen mögen meine Löcher jeden Tag aufs Neue ganz frisch.
   Was ist mein Beruf?
   Bäcker (die Löcher befinden sich im Brot oder ähnlichem Gebäck)

8. Meine Löcher sind fest montiert an meinem Arbeitsplatz
   Mein Arbeitsplatz aber bewegt sich. Oder besser gesagt: Ich bewege meinen Arbeitsplatz.

Um meinen Arbeitsplatz zu bewegen, brauche ich wiederum meine Löcher – und natürlich den Ring um die Löcher herum mitsamt den Verbindungsstegen.
Viele Menschen, die verreisen wollen, sind froh, dass es mich gibt.
Was ist mein Beruf?
Busfahrer (die „Löcher" sind die Grifflöcher im Lenkrad)

9. Mich braucht jeder und doch kommen viele Menschen nicht gerne zu mir.
   Ich kümmere mich darum, wenn Menschen kleine Löcher haben.
   Zuerst mache ich diese Löcher noch ein bisschen größer und dann stopfe ich sie zu. Das hilft für die nächsten Jahre.
   Danach haben die Menschen keine Schmerzen mehr.
   Was ist mein Beruf?
   Zahnarzt

b. Löcher in den Bauch gefragt …

 Auch zum Vorlesen

 Schriftliches Ratespiel für Zweier- oder Dreiergruppen

 Kopiervorlage auch im Downloadbereich

1. Je mehr man davon tut, desto größer wird's;
   je mehr man dazu tut, desto kleiner wird's.
   Das Loch

2. Wohinein kann man kein Loch bohren?
   Wasser/Luft

in den Bauch gefragt

1. Je mehr man davon tut, desto größer wird's;
   je mehr man dazu tut, desto kleiner wird's. ______________________
2. Wohinein kann man kein Loch bohren? ______________________
3. Woraus pfeifen manche Menschen, ohne einen einzigen Ton zu machen?
   ____
4. Wann gibt es für Nachrichtensender und Zeitungen wenig Interessantes zu berichten? ______________________
5. Welches Tier erscheint immer nur durch ein einziges Loch? ____________
6. Wo können redensartlich mittels Augenkontakt Löcher entstehen? _________
7. Was ist bei allen Steuerzahlern sehr beliebt? ______________________
8. Was kann redensartlich passieren, wenn man einen sauren Wein trinkt?
   ____
9. Welcher Gegenstand wird auch durch ein kleinstes Loch völlig wertlos?
   ____
10. Wie heißt ein bekanntes schottisches „Loch" mit „Nachnamen"? __________
11. Welche Art von Papier ist mit Löchern viel stabiler als ohne? __________
12. Bei welchen Handarbeiten werden fortwährend Löcher fabriziert und trotzdem entsteht ein blickdichtes Ergebnis? ______________________
13. Welches Gasthaus bietet nur Löcher an und trotzdem fühlen sich die Gäste sehr wohl? ______________________
14. Welche Löcher hat jeder Pfarrer gern in seiner Kirche? ______________
15. Wieviel Erde ist in einem Loch von der Größe 1x2x1m? ______________

Grafik: https://pixabay.com/de/illustrations/puzzle-teile-passen-zusammensetzen-1261138/

3. Woraus pfeifen manche Menschen, ohne einen einzigen Ton zu machen?
   Aus dem letzten Loch

4. Wann gibt es für Nachrichtensender und Zeitungen wenig Interessantes zu berichten?
   Im Sommerloch

5. Welches Tier erscheint immer nur durch ein einziges Loch?
   Die Schnecke

6. Wo können redensartlich mittels Augenkontakt Löcher entstehen?
   In der Luft (Löcher in die Luft starren)

7. Was ist bei allen Steuerzahlern sehr beliebt?
   Das Schlupfloch

8. Was kann redensartlich passieren, wenn man einen sauren Wein trinkt?
   Es kann einem die Löcher in den Socken zusammenziehen

9. Welcher Gegenstand wird auch durch ein kleinstes Loch völlig wertlos?
   Luftballon

10. Wie heißt ein bekanntes schottisches „Loch“ mit „Nachnamen“?
    Ness

11. Welche Art von Papier ist mit Löchern viel stabiler als ohne?
    Wellpappe

12. Bei welchen Handarbeiten werden fortwährend Löcher fabriziert und trotzdem entsteht ein blickdichtes Ergebnis?
    Beim Häkeln und Stricken

13. Welches Gasthaus bietet nur Löcher an und trotzdem fühlen sich die Gäste sehr wohl?
Insektenhotel

14. Welche Löcher hat jeder Pfarrer gern in seiner Kirche?
Die Löcher in den Orgelpfeifen

15. Wieviel Erde ist in einem Loch von der Größe 1x2x1m?
Gar keine

c. „Dalli Klick" – Löchrige Sachen

PowerPoint-Präsentation steht im Downloadbereich bereit

Bei dem Ratespiel „Dalli Klick" mit insgesamt 15 Bildern ist jeweils ein Foto von verschiedenen Rechtecken bedeckt. In mehreren Schritten wird jedes Foto aufgedeckt. Jedes Bild hat etwas mit dem Thema „Loch" zu tun. Das Ratespiel eignet sich insbesondere auch als Einstieg ins Thema. Außerdem ist es für das Thema „Loch" sehr passend, denn bei dem Spiel geht es ja darum, durch ein „Loch" hindurchzuschauen und zu erraten, was man durch diesen Ausschnitt sieht.

Decken sie die Rechtecke nach und nach auf. Machen Sie nach jedem Schritt eine kleine Pause und lassen Sie die Seniorenkreisler jeweils raten. Sollte die richtige Lösung schon nach wenigen Schritten gefunden werden, können Sie das Foto zügig weiter aufdecken, bis alles zu sehen ist.

Die Handhabung der Präsentation und der Verlauf des Ratespiels sind völlig unkompliziert (siehe S. 11) und auch für „Neueinsteiger" gut geeignet.

Startbild der PowerPoint-Präsentation

Auflösung:
1. Wurmloch in einem Apfel, **2.** Schlüsselloch, **3.** Brezel, **4.** Wasserloch, **5.** Sieb, **6.** Abfluss, **7.** Brot, **8.** Basketball-Korb, **9.** Orgelpfeifen, **10.** Entwerter, **11.** Schlagloch, **12.** Rettungsring, **13.** Insektenhotel, **14.** Hurrikan, **15.** Telefon(-wählscheibe)

d. Vorlesegeschichte: Die Sicherheitsnadeln

Löcher sind so eine Sache. Besonders in Verbindung mit Kleidungsstücken.
Da, wo die Löcher hingehören, sind sie toll. Bei einer Bluse zum Beispiel. Oder einem Hemd. Oder einem Mantel. Was täte man da nur, wenn es die Knopflöcher nicht gäbe. Das Kleidungsstück würde einfach so am Körper herumschlackern.
Dummerweise gibt es aber auch immer wieder Löcher, die da sind, wo sie gar nicht hingehören. Vorne im Socken beispiels-

weise. Oder in der Hose. In der Jackentasche. Oder wenn eine Naht sich plötzlich auflöst.

Gut, wenn man zumindest für einige dieser unangenehmen Fälle eine Lösung parat hat. So wie Christel.

Christel war eine liebenswerte alte Frau. Sie hatte schon viele Jahre und Jahrzehnte auf dem Buckel, und die meisten davon verbrachte sie in einem kleinen freundlichen Dorf im Schwarzwald. Christel war nicht verheiratet – aber sie lebte nicht allein. Zusammen mit ihrem jüngeren, ebenfalls unverheirateten Bruder wohnte sie in dem kleinen schnuckeligen Haus, das auch ihr Elternhaus war.

Christel hatte ein gutes Herz. Sie war unkompliziert, sie war freundlich, sie war gütig und kinderlieb. Und: Sie war praktisch veranlagt. Außerordentlich praktisch!

Mit weit über 80 Jahren starb Christel, und wenige Wochen später starb ihr jüngerer Bruder. Da beide keine Kinder hatten, war es nun die Aufgabe der Nichten und Neffen, den Nachlass zu sortieren und zu verteilen.

Und dabei kam Erstaunliches zutage.

Es fanden sich Handarbeiten aller Art, Kinderkleider, Puppenkleider, gestrickte Puppen für Bazare. Das war auch nicht verwunderlich. Jeder der Verwandten wusste, wie gerne Christel Handarbeiten machte.

Die Überraschung kam, als Christels Garderobe aussortiert und geordnet wurde: An der Innenseite einer gehäkelten Weste fand sich eine Sicherheitsnadel. In einem Rock war eine Sicherheitsnadel oben im Bund festgemacht. An der Knopfleiste einer Bluse, in Jackentaschen, in der Handtasche – ein Kleidungsstück nach dem anderen wurde zur Hand genommen – und fast überall fand sich zum großen Erstaunen aller eine Sicherheitsnadel. Unzählige Sicherheitsnadeln kamen auf diese Weise zusammen. Nun kann man sich ja schon denken, dass Christel kaum zu faul zum Flicken war. Nein, Christels Kleider waren in tadellosem Zustand.

Die Sicherheitsnadeln hatten einen anderen Zweck. Sie waren Christels „Versicherung". Die billigste Versicherung, die es überhaupt gab.
Sollte irgendwo zu irgendeiner Zeit ein kleidungsmäßiges Unglück passieren – Christel war gerüstet. Ob irgendwo kurzfristig ein Loch entstand, eine Hosennaht platzte, ein Gummi sich öffnete: Christel war dagegen versichert. Sie hatte stets eine Sicherheitsnadel zur Hand und konnte so sich und andere aus peinlichen Situationen retten.
So brachte Christel noch nach ihrem Tod ihre Verwandten zum Schmunzeln und zum Nachdenken. Und so manch einer von ihnen wird an sie denken, wenn mal wieder ein kleines kleidungstechnisches Malheur passiert und die Sicherheitsnadel als „billigste und schnellste Versicherung" den (Kleider-)Schaden retten muss.

e. Gesprächsimpulse

Fotos mit „Loch-Motiven" zum Ausdrucken
im Downloadbereich

Für dieses Thema eignen sich Fotos gut, um ein Gespräch in Gang zu bringen. Im Downloadbereich finden Sie rund 100 geeignete Farbfotos. Diese können Sie herunterladen und im Format 10 x 15 cm ausdrucken. – Sie können aber auch einfach passende Bilder aus Illustrierten oder Zeitschriften ausschneiden.

Meine Tipps zum Einsatz der Fotos:
- Sorgen Sie für eine genügende Anzahl von Fotos. So ist eine gute Auswahl für alle Seniorenkreisler gewährleistet. Wenn Sie eine große Gruppe sind, dann drucken Sie die Fotos einfach doppelt oder dreifach aus.
- Um die Fotos auszulegen, braucht es Platz auf den Tischen. Es ist meist besser, wenn für diese Aktion das Kaffeegeschirr abgeräumt ist.

- Verteilen Sie die Fotos gleichmäßig auf den Tischen.
- Bitten Sie die Seniorenkreisler, ein oder zwei Fotos auszuwählen, die sie ansprechen: „Welches Foto erinnert Sie an ein besonderes Erlebnis mit einem ‚Loch'?"
- Ermutigen Sie die Seniorenkreisler, auch auf den Nachbartischen nach für sie passenden Motiven zu suchen.
- Sie können alternativ auch alle Fotos auf separaten Tischen auslegen. Dann ist es für einen guten Zugang wichtig, für genügend Platz rund um diese Tische zu sorgen. Dieses Vorgehen hat den Vorteil, dass das Kaffeegeschirr stehen bleiben kann. Die Seniorenkreisler müssen aber zum Auswählen der Fotos aufstehen. Achten Sie darauf, wer dazu Hilfe braucht.
- Planen Sie für das Anschauen und die Auswahl der Fotos genügend Zeit ein. – Manchmal kommen die Seniorenkreisler auch schon während dieser Phase miteinander ins Gespräch. Freuen Sie sich daran und achten Sie behutsam darauf, wann es Zeit ist, sich wieder an die Plätze zu setzen.
- Wenn jeder Seniorenkreisler ein oder zwei Fotos gefunden hat, starten sie die Austauschrunde. Dabei sollte klar sein: Nur wer gerne möchte, erzählt etwas zu seinem Foto.
- Jeder, der sich an der Erzählrunde beteiligt, zeigt zunächst das Foto und beschreibt kurz, was darauf zu sehen ist.
- Sie können die Austauschrunde im großen Plenum machen (mit Mikrofon!) oder in kleinen Tischgruppen. Bei Kleingruppen ist es hilfreich, wenn jeweils ein Mitarbeiter dabei ist.

Fotos sind im Downloadbereich zu folgenden Begriffen vorhanden: Abfluss, Ananas, Astloch, Aussicht auf Meer, Basketballkorb, Billardtisch, Blockflöten, Bohrloch, Bowlingkugel, Brautkleid, Brezel, Briefkasten, Briefmarkenperforierung, Brot, Büroklammern, Collegeblock, Computersteckplatz, Dänische Münzen, Donut, Drucker, Ei mit Küken, Fahrrad-Platten, Felgen, Fenster und Türen, Flasche und Glas, Fußballtor, Geldautomat, Gießkanne, Gitarre, Glasball, Golfloch, Gully, Gürtel, Häkeldeckchen, Häkelstück, Heizungsschlitze, Hurrikan, Insektenhotel, Jeans mit Löchern, Kameralinse, Kamin, Karabiner, Kartenlocher, Käse, Katze im Rohr, Kinderspielgerät, Klettergerüst für Kinder, Knöpfe, Korb mit Baby, Locher, Lochplatte, Lüftungsschlitze, Maschendrahtzaun, Mauseloch, Metallbrücke, Metallornament, Nadelöhr, Nähzeug, Nudeln, Ohrloch, Orgelpfeifen, Perlen, Pfeife, Pfeifen, Rettungsring, Ringe, Rohre, Schere, Schlagloch, Schlauch, Schlüsselloch, Schrauben, Schuhe, Schuhsohle, Schürfwunde, Sieb, Socken, Sonne durch Wolkenloch, Spinnennetz, Steckdosen, Steuerrad, Tapetenloch, Telefon mit Wählscheibe, Ticket-Entwerter, Toilette, Trachealkanüle, Trinkhalm, Tunnel, Überlaufloch am Waschbecken, USB-Steckplatz, Wäscheklammern, Waschmaschine, Wasserloch, Wellpappe, Wurmloch im Apfel, Zähne, Zahnräder, Ziegelsteine.

Gesprächsimpulse für eine Erzähleinheit ohne Fotos:
- Können Sie sich an ein besonderes Erlebnis erinnern beim Löcherflicken von z. B. einem Hochzeitkleid, Wollmantel, Strumpfhose usw.? Oder z. B. beim Flicken eines Balls, einer Luftmatratze, eines Fahrradschlauches?
- Wann haben Sie das letzte Mal ein Loch gestopft?
- Haben Sie einen Trick, wie man am besten Löcher in eine Wand oder ein Möbelstück bohrt? Oder wie man ein Loch in der Wand verputzt?
- Haben Sie Tipps, wie man Löcher in Kleidungsstücken am besten flickt?
- Hat Ihnen ein Loch schon mal so richtig Ärger gemacht?

f. Kunterbunte Tipps
- Bieten Sie Donuts als Gebäck in der Kaffeepause an.
- Lustiges Lied zum Thema: „Ein Loch ist im Eimer“
- Als Überraschungseffekt können Sie Konfetti (= das, was übrig bleibt, wenn man Löcher ins Papier macht) verstreuen.

- Es gibt zwei kürzere, prägnante und unterhaltsame Texte zum Thema „Loch“ von Kurt Tucholsky: „Wo kommen die Löcher im Käse her?“[21], und: „Zur soziologischen Psychologie der Löcher“[22].
- Übrigens: „Loch an Loch und hält doch“ ist eigentlich ein Rätsel: Was ist das? Als Antwort passen zwei Möglichkeiten: Netz oder Kette.

g. Angedacht

Foto zum Downloaden

Dieser Impuls bezieht sich auf ein Foto, das blühende Stiefmütterchen zeigt. Diese sind in einer Spalte auf einer Terrasse zwischen Boden und Treppenstufe herausgewachsen. Sie können das Foto im Downloadbereich herunterladen und mit dem Beamer an die Wand projizieren oder als Mitgebselkarte für alle Seniorenkreisler ausdrucken und austeilen. Alternativ beschreiben Sie einfach, was es zu sehen gibt.

„Loch an Loch und hält doch“ – das war das Thema dieses Nachmittags.

Wir haben gesehen: Es gibt Unmengen von verschiedenen Löchern. Manche Löcher sind ärgerlich, wie ein Loch in der Kleidung, ein Loch im Zahn, ein Funkloch, wo wir keinen Empfang für unser Handy haben, ein Schlagloch auf der Straße.

Viele Löcher sind sehr nützlich: angefangen vom Knopfloch, dem Schlüsselloch, einem Bohrloch bis hin zum Schlitz im Briefkasten oder der Öffnung des Wasserhahns.

All das sind richtige, konkrete Löcher. Löcher, die man sehen und anfassen kann.

---

21 https://de.wikisource.org/wiki/Wo_kommen_die_Löcher_im_Käse_her_-%3F, abgerufen am 17.08.2021.

22 https://de.wikisource.org/wiki/Zur_soziologischen_Psychologie_der_L%C3%B6cher, abgerufen am 17.08.2021.

Aber in unserer Sprache wird der Begriff „Loch" auch im übertragenen Sinn verwendet. In Redewendungen zum Beispiel. Sie kennen diese Formulierungen alle:

Da kann es sein, irgendwann im Leben gibt es eine Situation, die sich anfühlt, als tue sich ein Loch vor einem auf. Tief und dunkel öffnet es sich bedrohlich vor uns. Und wir haben keine Ahnung, wie wir dieses Loch umgehen könnten.

Menschen, die an einer Depression leiden, fühlen sich manchmal, als wären sie in ein dunkles Loch gefallen. Es gibt Menschen, die stieren nur noch Löcher in die Luft. Sie sind nicht mehr in der Lage, ihr Leben selbst zu gestalten.

Es sind dunkle, schwere Themen, die mit diesen Redewendungen verbunden sind. Und mancher von uns hat solche Situationen bei sich selbst oder bei Freunden und Verwandten schon erlebt.

Ans Ende dieses Nachmittags möchte ich ein Bild stellen. Es ist ein Foto der Hoffnung. Es ist ein Hinweis, dass auch da, wo es scheinbar nichts zu hoffen gibt, neues Leben wachsen und aufblühen kann.

- *Zeigen Sie das Foto mit dem Beamer oder teilen Sie die Fotokarten aus.*

Das Foto zeigt eine Treppenstufe auf einer Terrasse. Ein kleiner Spalt hat sich gebildet zwischen dem Boden und der Treppe. Auf der linken Seite ist etwas Sand in diesem Zwischenraum zu erkennen. Das Ganze ist so etwas wie ein längliches Loch.

Das ist alles andere als ein Pflanzbeet. Niemand hat hier gesät und gewässert. Niemand hat hier gehackt und gedüngt. Das ist alles andere als ein Ort, wo man Blumen erwartet.

Und doch sind sie gekommen. Die Stiefmütterchen. Sie blühen und leuchten.

Vielleicht hat der Wind den Samen in den schmalen Spalt geweht? Vielleicht hat ihn ein kleines Mäuschen gebracht? Das wissen wir nicht.

Aber: Die Blume ist da. Der Samen ist aufgegangen, auch unter den unwirtlichen Bedingungen. Die Blume hat Wurzeln geschlagen, auch wenn keine üppige Erde zur Verfügung stand.

Und das kleine Pflänzchen hat den schmalen Spalt, das schmale Loch, das ihm zur Verfügung stand, genutzt. Die Pflanze ist gewachsen und erblüht.

Da, wo eigentlich nichts zu erhoffen war, unter diesen lebensfeindlichen Rahmenbedingungen der Steinplatten und Steinstufen, da hat sich neues Leben entwickelt.

„Kommet her zu mir alle, die ihr mühselig und beladen seid; ich will euch erquicken", so hat Jesus gesagt (Matthäus 12,28).

Kommet her zu mir, wenn ihr nur noch mit dunklen Gedanken Löcher in die Luft starrt.

Kommet her zu mir, wenn ihr euch fühlt, als seid ihr in ein dunkles Loch gefallen.

„Kommet her zu mir. Ich will euch erquicken."

Da, wo keine Hoffnung zu sein scheint, da kann Jesus Hoffnung schenken. Da, wo alles wie erstorben erscheint, da kann Jesus neues Leben aufblühen lassen. Ihm ist kein Loch zu dunkel, ihm ist kein Stein und keine Mauer zu dick. Daran will uns dieses Foto erinnern.

„Kommet her zu mir alle, die ihr mühselig und beladen sein; ich will euch erquicken."

Diese Hoffnung, diese Zuversicht wünsche ich Ihnen – für jeden neuen Tag dieser Woche.

Auf die Plätze, fertig, los!

Spiel und Spaß für Sportliche und Unsportliche

Sport begeistert viele Menschen. Es gibt unzählige Sportarten – vom Fußball bis zum Fechten, vom Tennis bis zum Tanzen, vom Golfen bis zum Gewichtheben. Und viele weitere Disziplinen für alle anderen Buchstaben des Alphabets. Im Fernsehen werden übers Jahr verteilt viele Wettkämpfe und Großveranstaltungen übertragen.

„Sport und Senioren" – dieses Thema hat verschiedene Facetten. Es gibt sehr viel Kompetenz und Wissen bei Menschen, die seit Jahrzehnten das sportliche Geschehen in den Medien verfolgen. Einige von ihnen haben früher selbst Sport gemacht oder tun es noch immer. Anderen wurde der eigene aktive Sport dagegen schon in der Schulzeit verleidet.

Die Spiele in diesem Kapitel sind so gestaltet, dass jeder und jede mitmachen und Spaß haben kann – die Sportlichen und die Unsportlichen.

a. Welcher Sport gehört zu welchen Orten?

Auch zum Vorlesen

Schriftliches Ratespiel für Zweier- oder Dreiergruppen

Kopiervorlage auch im Downloadbereich

Bei diesem Ratespiel geht es darum, bekannte Sportstätten und die dort jeweils ausgeübte Sportart zuzuordnen. Die Piktogramme auf dem Arbeitsblatt sind dabei nur „Verzierung" und nicht die möglichen Antworten.

In der folgenden Zusammenstellung finden sich jeweils vier Orte, in denen Sportwettkämpfe ausgetragen werden. Für welche Sportart steht die jeweilige Ortsgruppe?

Vier Orte, eine Sportart – Was wird wo ausgetragen?

Kiel – Travemünde – Warnemünde – Lindau ____________________

Anfield – Camp Nou – Celtic Park – Johann-Cruyff-Arena ____________________

Imola – Silverstone – Spa – Suzuka ____________________

Antholz – Oberhof – Hochfilzen – Pokljuka ____________________

Melbourne – Paris – London – New York ____________________

Wengen – Kitzbühel – Val-d'Isère – Gröden ____________________

Champ de Mars – Hoppegarten – Iffezheim – Ascot ____________________

Garmisch-Partenkirchen – Oslo – Sapporo – Zakopane ____________________

SAP Arena – Houston Astrodome (heute NRG Astrodome) – Staples Center – Madison Square Garden ____________________

St. Andrews Old Course – Augusta National – Royal St. George's – Turnberry ____________________

Auflösung:
Kiel (Kieler Woche) – Travemünde (Travemünder Woche) – Warnemünde (Warnemünder Woche) – Lindau (Rund Um, Bodensee) → Segelregatten

Anfield (England, FC Liverpool) – Camp Nou (Barcelona, FC Barcelona) – Celtic Park (Glasgow, Scotland Celtic Glasgow)– Johann-Cruyff-Arena (Amsterdam, Ajax Amsterdam) → Fußball

Imola (Italien) – Silverstone (Vereinigtes Königreich) – Spa (Belgien) – Suzuka (Japan) → Formel 1

Antholz (Italien) – Oberhof (Deutschland) – Hochfilzen (Österreich) – Pokljuka (Slowenien) → Biathlon

Melbourne – Paris – London – New York → Tennis (Grand Slam Orte)

Wengen (Schweiz, Lauberhornabfahrt) – Kitzbühel (Österreich, Streif) – Val-d'Isère (Frankreich, Piste Oreiller-Killy) – Gröden (Italien, Saslong) → Alpine Skiabfahrt

Garmisch-Partenkirchen (Deutschland, Große Olympiaschanze) – Oslo (Norwegen, Holmenkollbaken) – Sapporo (Japan, Ökurayama-Schanze, Miyanomori-Schanze) – Zakopane (Polen, Wielka Krokiew, Średnia Krokiew) → Skispringen

SAP Arena (Mannheim) – Houston Astrodome (heute NRG Astrodome) (Houston, USA) – Staples Center (Los Angeles) – Madison Square Garden (New York) → Boxen

St. Andrews Old Course (Schottland) – Augusta National (Augusta, USA) – Royal St. George's (England) – Turnberry (Schottland) → Golf

Champ de Mars (Port Louis, Mauritius) – Hoppegarten (Deutschland) – Iffezheim (Deutschland) – Ascot (Großbritannien) → Pferderennen

b. Sportreportagen

Zum Vorlesen

Dieses Ratespiel enthält kleine „Mini-Sportreportagen", anhand derer die richtige Sportart erkannt werden soll. Lesen Sie die Sätze ruhig auch mit einer gewissen Sportreporter-Dynamik vor …

Bei diesem „Mehr-Satz-Ratespiel" sollten Sie nach jedem Satz eine kleine Pause machen zum Nachdenken und zum Zurufen der Antworten. Vielleicht weiß jemand die Antwort schon nach dem ersten oder zweiten Satz?

Nachdem die richtige Antwort gegeben wurde, lesen Sie alles nochmals komplett vor. So kann jeder die einzelnen Sätze mit der Lösung vor Augen nachvollziehen.

1. Noch eine Minute ist in der Nachspielzeit zu spielen.
   Beide Mannschaften kämpfen verbissen. Es steht 2:2.
   Abpfiff. 93 Minuten sind vorbei.
   Es bleibt beim Unentschieden.
   Fußball

2. Die beiden Athleten sind auch privat ein Paar.
   Sie liegen nach dem Kurzprogramm auf Platz 3.
   Und gleich zu Beginn begeistern sie das Publikum mit einem dreifachen Rittberger.
   Eiskunstlaufpaarlauf

3. Die vier Spieler machen einen hochkonzentrierten Eindruck.
   Auf der einen Seite steht die 32-jährige Australierin mit ihrem 35-jährigen Partner aus den USA.

Die Herausforderer auf der Gegenseite sind die beiden Nachwuchshoffnungen aus der Schweiz und aus Österreich.
Wir sind im zweiten Satz.
Tennis Mixed

4. Startschuss. Die acht Sportlerinnen rennen los.
Alle sind gleichauf.
Die Läuferinnen auf den Bahnen 4 und 6 liegen knapp vorne.
Die Läuferin auf Bahn 4 gewinnt. Das war ein Wimpernschlagfinale – wie so oft in dieser Disziplin.
100-Meter-Lauf

5. Noch sind alle zehn Starter gleichauf.
Jetzt kommt die zweite Wende.
Die Sportlerin auf Bahn 3 geht in Führung.
Und sie wird ihren Vorsprung ausbauen. Denn nun kommt ihre Lieblingsdisziplin.
Lagenschwimmen (Schwimmwettkampf über 100 m, 200 m oder 400 m mit vier aufeinanderfolgenden Schwimmarten: Schmetterling, Rücken, Brust, Freistil)

6. Und nun steht der Favorit im Starthäuschen.
Und er fährt los.
4480 m liegen vor ihm.
Die erste Zwischenzeit sieht gut aus. Zwei Hundertstel schneller als der bisher Führende.
Der kam mit 2 Minuten 34 Sekunden und 25 Hundertstel ins Ziel.
Abfahrtslauf (am Beispiel der längsten Abfahrtsrennstrecke der Herren, der Lauberhornabfahrt in Wengen, Schweiz)

7. Seit 30 km führt der Überraschungssportler des Tages.
Er hat inzwischen 20 Minuten Abstand zum großen Feld.
Doch dort wird jetzt Druck gemacht.

Mit Hilfe des „belgischen Kreisels“ holen die Verfolger Minute für Minute auf.
Radrennen

8. Die sechs besten Mannschaften der Welt liefern sich ein spannendes Rennen.
   Die Mannschaft auf Bahn 5 liegt in Führung.
   2 1/2 Minuten sind vorbei, knapp die Hälfte der Strecke liegt hinter ihnen.
   Jetzt müssen die neun Athleten die Frequenz erhöhen, um ihre Führung zu verteidigen.
   Rudern: Achter mit Steuermann (Strecke: 2000 m)

9. Und nun am Start: Der Newcomer des Jahres mit Bakumo.
   Beiden Startern sieht man die Aufregung an.
   Für den knapp achtjährigen Wallach ist es der erste große Wettbewerb.
   Wir sind gespannt, wie die beiden durch die Prüfungen kommen werden.
   Dressurreiten

c. Sport-Bingo

PowerPoint-Präsentation im Downloadbereich, zusätzlich finden Sie dort zehn unterschiedliche Tippzettel zum Ausdrucken.

Bingo ist ein sehr beliebtes Spiel bei Älteren. Man kann es in verschiedenen Versionen spielen. Dieses hier vorliegende „Sport-Bingo“ arbeitet mit Fotos und Namen. Die Tippzettel haben ein 4x4 Raster – auf jedem Tippzettel befinden sich also 16 Felder mit Fotos oder Namen.

Im Downloadbereich finden Sie zehn unterschiedliche Tippzettel. Drucken Sie für jeden Seniorenkreisler einen Tippzettel aus. Wenn Sie mehr als zehn Teilnehmer haben, dann gibt es eben manchen Tippzettel doppelt oder dreifach – aber das ist nicht weiter schlimm. Es geht bei dem Spiel ja um den Spaß und nicht um bierernste Gewinnchancen …

Ablauf: *Jeder Seniorenkreisler erhält einen Tippzettel und einen Stift. Dann werden mit einer PowerPoint-Präsentation nacheinander die Bilder oder Namen rund um das Thema „Sport" gezeigt. Bei jedem projizierten Bild müssen die Spieler schauen: Befindet sich das Bild oder der Namen auf meinem Tippzettel? Wenn ja, dann wird das entsprechende Feld durchgestrichen. Wer vier durchgestrichene Felder in waagrechter oder senkrechter Richtung hat, ruft „Bingo" und hat gewonnen. (Es empfiehlt sich aber weiterzuspielen, um auch den zweiten, dritten usw. Gewinner zu ermitteln und um schließlich alle Bilder zu sehen …)*

Die Reihenfolge der Bilder in der PowerPoint-Präsentation ist bereits festgelegt und so optimiert, dass die erste Viererreihe erst nach 32 Begriffen vollständig wird. Wenn Sie das Spiel gleich anschließend mit einem anderen Ablauf wiederholen oder generell mehr dem Zufall überlassen möchten, dann können Sie einfach die Reihenfolge der Bilder auf der PowerPoint-Präsentation hin und her verschieben.

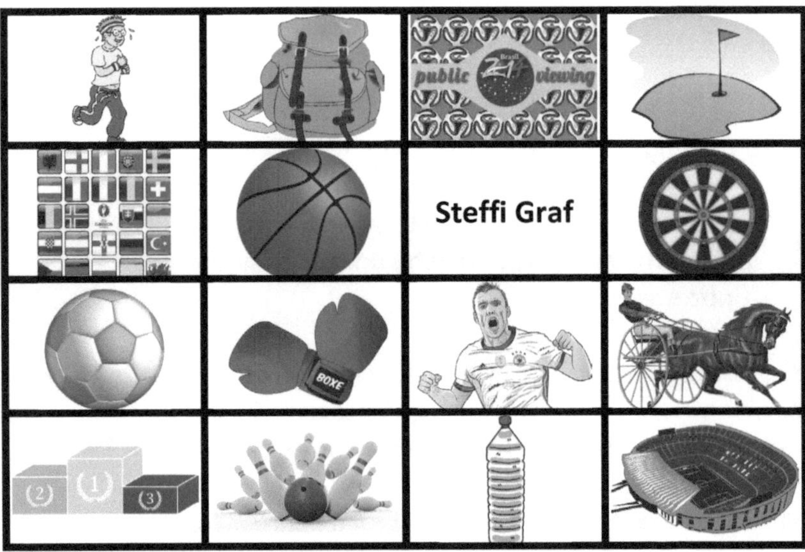

Tippzettel 1

d. Vorlesegeschichte: Mini-Sportfest

„Das war aber goldig“, sagte die Oma zum Opa, als er ihr die kleine Episode erzählte, die er kurz zuvor erlebte. Der Opa hat so seine Gewohnheiten. Eine davon ist die, kommt er vom Garten hinterm Haus, läuft er manches Mal noch vor an die Straße, schaut hinauf und hinunter, ehe er wieder ins Haus hineingeht. So auch am Freitagmittag. Opa kommt wieder vom Garten, läuft am Haus entlang und vor an die Straße. Da sieht er zwei Schülerinnen die Straße herabkommen. Das ist gar nichts Besonderes, jeden Tag gehen viele Schüler diesen Weg in die Schule und wieder zurück. Doch an diesem Mittag geschieht etwas, was so noch nie geschah. Kaum dass die Schülerinnen den Opa an der Straße stehen sehen, nimmt eine der Mädchen ihren Schulranzen ab und gibt ihn der Schulfreundin. Sie fängt darauf an, ein, zwei, drei und mehr Räder auf der Straße an dem turnbegeisterten Opa vorbei zu schlagen. Danach nimmt sie wieder ihren Ranzen auf und beide Mädchen gehen weiter, als wenn nichts geschehen wäre. Hoffentlich haben sie noch einen Blick auf das überraschte Gesicht des Opas geworfen und die Freude über diese gelungene Vorführung wahrgenommen.
Voller Freude kam er bei der Oma in der Küche des Hauses an und erzählte diese kleine, aber doch so großartige Geschichte.
Maria Schwinn[23]

e. Gesprächsimpulse

Hinweis: Es gibt viele Menschen, die im Laufe ihres Lebens gute Erfahrungen mit sportlicher Betätigung gemacht haben. Aber es gibt auch andere, für die Sport mit frustrierenden Erlebnissen verknüpft ist. Schauen Sie beim Gespräch darauf, dass jeder mit seiner eigenen Erfahrung gehört wird und sich die Seniorenkreisler gegenseitig gelten lassen.

[23] © Maria Schwinn, Abdruck mit freundlicher Genehmigung.

- Für welche Sportart interessieren Sie sich am meisten?
- Welchen Sportwettkampf verpassen Sie am Fernsehen nach Möglichkeit nie?
- Welchen Sport haben sie selbst gemacht oder machen ihn noch?
- Waren oder sind Sie Mitglied in einem Sportverein oder in einer Sportgruppe? Welche Erlebnisse verbinden sie mit dieser Zeit?
- Wie erging es Ihnen im Schulsport?
- Was war Ihr größter sportlicher Erfolg?
- Welche Erfahrungen haben Sie mit Sport und Bewegung im fortgeschrittenen Alter?

f. Kunterbunte Tipps

- Dekorieren Sie verschiedene kleine Bälle auf den Tischen.
- Etwas Besonderes sind kleine japanische Papierbälle. Sie bestehen aus Transparentpapier und lassen sich ganz einfach mit dem Mund aufblasen. Sie sind federleicht und fliegen deshalb langsam. Die Bälle gibt es u. a. im Internet.
- Servieren Sie kleine Kuchenstücke mit Dekostickern mit Flaggen. (Im Sport geht es ja oft um internationale Wettkämpfe.)
- Zum Impuls aus „Angedacht“ passt ein Mitgebsel als „Wegzehrung“, z. B. eine Brezel in einer Tüte.

g. Angedacht

Auf die Plätze, fertig, los! Spiel und Spaß für Sportliche und Unsportliche – das war unser Thema heute Nachmittag. Viele unterschiedliche Sportarten gibt es. Das haben wir heute wieder gesehen.

Und auch das Wandern gehört dazu.

Sicher hat jeder von uns schon unzählige Wanderungen in seinem Leben gemacht: Kürzere und längere, allein und gemeinsam mit anderen. Denn wenn man sich zu einer kleineren oder größeren Gruppe zusammenschließt, Jung und Alt, mit Kind und Kegel, dann macht so eine Wanderung gleich doppelt so viel Spaß. Und – Sie kennen das ja alle – am Anfang einer mehrstündigen Tour ist das Grüpplein noch schön beieinander. Alle sind frisch und motiviert, es wird geschwätzt und vielleicht auch gesungen, die Kinder springen vorneweg.

Irgendeiner hat die Landkarte in der Hand, wo die Wanderroute eingezeichnet ist. Und an Wegkreuzungen zeigt er, wo's lang geht.

Mit der Zeit allerdings wird die Gruppe immer länger und manches Mal ist es so, dass der vordere Teil kaum mehr zu sehen ist, während der zweite Teil abgeschlagen hinterhergeht.

Einer der Erwachsenen macht in dieser hinteren Gruppe den Schluss. Sind Kinder dabei, dann ist es oft ein Elternteil, das sich als „Schlusslicht" betätigt. Ein Vater oder eine Mutter schauen, dass niemand zurückbleibt. Dass sich niemand verläuft. Dass niemand verlorengeht.

Aber auch sonst bekommen dieser Vater oder diese Mutter einiges zu tun: Sie trösten, wenn ein Kind müde ist. Sie ermutigen diejenigen, die nicht mehr können. Sie motivieren die, die keine Lust mehr haben.

Einer fällt und braucht ein Pflaster. Ein anderer hat einen Stein im Schuh. Einem ist der Rucksack zu schwer. Wie gut, wenn sich dann noch ein paar Bonbons oder Gummibärchen im Gepäck finden. Schon geht es wieder besser. Auch ein paar Lieder oder Spiele im Gehen wirken Wunder. Die Kinder sind abgelenkt und schon ist wieder eine kleine Wegstrecke gemeistert. Manchmal hilft es, ein Kind an die Hand zu nehmen. Und wenn es gar nicht mehr geht, muss ein Kind auch mal ein Stück auf dem Rücken getragen werden.

Auch das Volk Israel kannte solche Wanderungen. Und in diesem Zusammenhang gibt es einen sehr anschaulichen Vers im Buch Jesaja. Dort heißt es: „Der HERR wird vor euch herziehen und der Gott Israels euren Zug beschließen." (Jesaja 52,12)

Dass Gott den Weg weist – dieser Gedanke ist uns vertraut. In vielen Bibelstellen und Liedern wird davon geredet. Denken Sie zum Beispiel an das Lied „Jesu geh voran". Aber: Dass Gott auch den Zug beschließt, das ist ein ungewohnter Gedanke.

Auch wir sind als Christen miteinander unterwegs. Es ist eine lange und oftmals anstrengende Wanderung. Wir brauchen es, dass Gott uns vorangeht, uns den Weg zeigt – in unserem persönlichen Leben und als Kirche und Gemeinde Gottes.

Aber wir stürmen nicht immer mit voller Kraft voraus. Auch bei uns zieht sich der Zug manchmal in die Länge. Und hinten kommen die Müden und Enttäuschten, die nur langsam vorankommen und die immer wieder eine Verschnaufpause brauchen.

Wie gut, dass Gott nicht nur als Wegweiser bei den Vorderen ist, die vorneweg gehen. Wie gut, dass Gott auch am Ende des Zuges ist und die Müden nicht im Stich lässt. Er kümmert sich persönlich um sie.

Auch bei uns kommt es ja vor, dass wir entmutigt sind, wenn vieles nicht mehr so schnell geht wie früher. Dass wir erschöpft sind, weil Älterwerden manchmal recht anstrengend sein kann. Dass uns alles zu viel wird.

Wie gut ist es da zu hören, dass Gott selbst diesen Zug beschließt. Er selbst leistet diesen Dienst bei den Müden am Ende des Zuges. Er schaut, dass keiner von uns zurückbleibt. Er sorgt dafür, dass wir alle an sein Ziel kommen. Er tröstet, ermutigt, motiviert. Er hilft und trägt.

Wir dürfen diesen Dienst Gottes auch für unser Leben erwarten und ihn darum bitten. Und wir werden sehen, Gott ist sehr kreativ. Er stärkt und ermutigt auf vielfache Weise: durch ein Bibelwort, ein Lied, einen Kartengruß. Durch die Blumen im Garten und den Sonnenschein. Durch ein gutes Essen oder eine Tasse Kaffee. Durch einen Fernsehfilm oder ein Buch. Durch ein verständnisvolles Gespräch. Durch eine Kur oder einen wohltuenden Friseurbesuch.

Gott hat 1000 Möglichkeiten, uns zu ermutigen, damit wir uns wieder aufs Neue auf den Weg machen.

Denn er will, dass wir alle an sein Ziel kommen. „Der HERR wird vor euch herziehen und der Gott Israels euren Zug beschließen."

Darauf dürfen wir jeden Tag aufs Neue vertrauen. Auch auf der Wanderung durch unser Leben.

Weihnachtssterne und andere Lichter

Weihnachten macht das Dunkel hell

Weihnachten ist für viele Menschen der Höhepunkt des Jahres. Es ist eine Zeit, die geprägt ist von unzähligen Bräuchen und Traditionen. Eine wichtige Rolle spielen dabei alle Arten von Lichtern: die Kerzen am Adventskranz und am Weihnachtsbaum ebenso wie die bunten Dekorationen an Häusern und Geschäften.

Für alleinstehende und einsame Männer und Frauen ist Weihnachten allerdings oft ein trauriges Fest. Die dunkle und sonnenarme Jahreszeit fördert diese Stimmung zusätzlich.

„Dunkelheit“ und „Licht“ ist auch ein zentrales Thema der biblischen Weihnachtsgeschichte: In der Heiligen Nacht wird Jesus geboren, den Hirten erscheinen die Engel in hellem Licht, die drei Weisen folgen dem Stern. „Jesus kommt in die Dunkelheit der Welt“ – das ist die frohe Botschaft der Weihnachtsgeschichte.

a. Weihnachtslichter in Weihnachtsliedern

 Auch zum Vorlesen

 Schriftliches Ratespiel für Zweier- oder Dreiergruppen

 Zwei unterschiedliche Kopiervorlagen (schwarz-weiß und farbig) im Downloadbereich

Bei diesem Ratespiel mit Weihnachtsliedern sind einzelne Begriffe zu ergänzen, die alle etwas mit dem Thema „Licht" oder „Sterne" zu tun haben. Für ein Vorlese-Ratespiel machen Sie jeweils vor dem fettgedruckten Begriff eine Pause, damit der entsprechende Begriff erraten werden kann.

Ratesätze und Auflösung:

1. Wir sagen euch an den lieben Advent. Sehet, die erste **Kerze** brennt!
   Wir sagen euch an den lieben Advent, EG 17, aus Vers 1

2. Am Weihnachtsbaum die **Lichter** brennen, wie glänzt er festlich, lieb und mild.
   Am Weihnachtsbaum die Lichter brennen, aus Vers 1

3. Er ist die rechte **Freudensonn**, bringt mit sich lauter Freud und Wonn.
   Macht hoch die Tür, EG 1, aus Vers 3

4. Was soll das bedeuten, es taget ja schon? Ich weiß wohl, es geht erst um Mitternacht rum. Schaut nur daher! Schaut nur daher! Wie glänzen die **Sternlein** je länger, je mehr.
   Was soll das bedeuten, Vers 1

5. Freu dich, Erd und **Sternenzelt**, Halleluja; Gottes Sohn kam in die Welt, Halleluja.
   Freu dich, Erd und Sternenzelt, EG 47, aus Vers 1

Weihnachtslichter in Weihnachtsliedern

1. Wir sagen euch an den lieben Advent. Sehet, die erste ______________ brennt!
2. Am Weihnachtsbaum die ____________ brennen, wie glänzt er festlich, lieb und mild.
3. Er ist die rechte _________________, bringt mit sich lauter Freud und Wonn.
4. Was soll das bedeuten, es taget ja schon? Ich weiß wohl, es geht erst um Mitternacht rum. Schaut nur daher! Schaut nur daher! Wie glänzen die _____________ je länger, je mehr.
5. Freu dich, Erd und _______________, Halleluja; Gottes Sohn kam in die Welt, Halleluja.
6. Kling, Glöckchen, klingelingeling, kling Glöckchen, kling! Hell erglühn die _________, öffnet mir die Herzen!
7. O seht in der Krippe im nächtlichen Stall, seht hier bei des ________________ hellglänzendem Strahl in reinlichen Windeln das himmlische Kind.
8. Brich an, du schönes __________________, und lass den Himmel tagen!
9. Auch wer zur Nacht geweinet, der stimme froh mit ein. Der ______________________ bescheinet auch deine Angst und Pein.
10. O Jesu, Jesu, setze mir selbst die ________________ bei, damit, was dich ergötze, mir kund und wissend sei.
11. Er ist's, der helfen kann; halt' eure _________________ fertig und seid stets sein gewärtig, er ist schon auf der Bahn.
12. Ich lag in tiefster Todesnacht, du warest meine _____________.
13. Dein Krippen glänzt hell und klar, die Nacht gibt ein neu _____________ dar. Dunkel muß nicht kommen drein, der Glaub bleib immer im Schein.
14. Heut sein die lieben Engelein in hellem Schein erschienen bei der Nachte den Hirten, die ihr' Schäfelein bei ___________________ im weiten Feld bewachten.
15. Als die Welt verloren, Christus ward geboren; in das nächt'ge Dunkeln fällt ein strahlend _____________________________.

Einzufügen:

Fackel
Freudensonn
Funkeln
Kerze
Kerzen
Lampen
Lichter
Lichtleins
Mondenschein
Morgenlicht
Morgenstern
Schein
Sonne
Sternenzelt
Sternlein

Quellen: https://pixabay.com/de/illustrations/weihnachten-frame-weihnachten-grenze-3872321/, Evangelisches Gesangbuch, Ausgabe für die Evangelische Landeskirche in Württemberg, Kein schöner Land. Liederbuch im Großdruck, Band II., https://de.wikipedia.org

6. Kling, Glöckchen, klingelingeling, kling Glöckchen, kling! Hell erglühn die **Kerzen**, öffnet mir die Herzen!
   Kling, Glöckchen, klingelingeling, aus Vers 3

7. O seht in der Krippe im nächtlichen Stall, seht hier bei des **Lichtleins** hellglänzendem Strahl in reinlichen Windeln das himmlische Kind.
   Ihr Kinderlein kommet, EG 43, aus Vers 2

8. Brich an, du schönes **Morgenlicht**, und lass den Himmel tagen!
   Brich an, du schönes Morgenlicht, EG 33, aus Vers 1

9. Auch wer zur Nacht geweinet, der stimme froh mit ein. Der **Morgenstern** bescheinet auch deine Angst und Pein.
   Die Nacht ist vorgedrungen, EG 16, aus Vers 1

10. O Jesu, Jesu, setze mir selbst die **Fackel** bei, damit, was dich ergötze, mir kund und wissend sei.
    Wie soll ich dich empfangen, EG 11, aus Vers 1

11. Er ist's, der helfen kann; halt' eure **Lampen** fertig und seid stets sein gewärtig, er ist schon auf der Bahn.
    Nun jauchzet, all ihr Frommen, EG 9, aus Vers 6

12. Ich lag in tiefster Todesnacht, du warest meine **Sonne**.
    Ich steh an deiner Krippen hier, EG 37, aus Vers 3

13. Dein Krippen glänzt hell und klar, die Nacht gibt ein neu **Licht** dar. Dunkel muss nicht kommen drein, der Glaub bleib immer im Schein.
    Nun komm, der Heiden Heiland, EG 4, Vers 4

14. Heut sein die lieben Engelein in hellem Schein erschienen bei der Nachte den Hirten, die ihr' Schäfelein bei **Mondenschein** im weiten Feld bewachten.
    Den die Hirten lobeten sehre, EG 29, aus Vers 1

15. Als die Welt verloren, Christus ward geboren; in das nächt'ge Dunkeln fällt ein strahlend **Funkeln**.
Als die Welt verloren, EG 53, aus Vers 1[24]

b. Adventskalender-Quiz

Auch zum Vorlesen

Animierte PowerPoint-Präsentation im Downloadbereich (läuft nur unter Microsoft PowerPoint)

Dieses Quiz ist eine Art „Adventskalender" mit 24 Fragen. Diese sind ganz kunterbunt und enthalten auch Scherzfragen.

Zum Herunterladen finden Sie für dieses Spiel eine leicht zu handhabende PowerPoint-Präsentation. Auf der Vorlage finden sich passend zum Thema 24 Sterne, die mit Nummern versehen sind. Die Sterne sind so animiert, dass Sie nach und nach in beliebiger Reihenfolge die Fragenummern löschen können, die Sterne „scheinen" aber weiter. Es werden dann jeweils nur noch die Fragenummern angezeigt, die noch zu lösen sind.

Eine stimmungsvolle Alternative ohne Computer wäre, 24 Sterne auszuschneiden, mit Nummern zu versehen und für alle gut sichtbar an einer Schnur oder an der Wand aufzuhängen. Jede gestellte Fragennummer wird anschließend umgedreht oder abgehängt.

Für die Durchführung ist es gut, wenn Sie zu dritt sind: Eine stellt die Fragen und leitet das Quiz, ein Zweiter löscht die gestellten Fragen auf der nummerierten Vorlage, die Dritte notiert den Punktestand der verschiedenen Gruppen. Die Fragen selbst entnehmen Sie diesem Buch.

---

[24] Liedstrophen aus: Evangelisches Gesangbuch, Ausgabe für die Evangelische Landeskirche in Württemberg, Gesangbuchverlag Stuttgart, 1. Auflage 1996.

Teilen Sie alle Besucher Ihres Kreises in drei bis vier Gruppen ein. Alle Gruppenmitglieder sollten beieinandersitzen.
1. Variante: *Spielen Sie das Quiz ganz klassisch: Die erste Gruppe beginnt und darf sich eine Frage aussuchen. Beantwortet sie diese richtig, bekommt die Gruppe einen Punkt. Dann kommt die nächste Gruppe an die Reihe. – Beantwortet die erste Gruppe die Frage falsch, dann geht die Frage automatisch an die zweite Gruppe weiter. Antwortet diese richtig, bekommt die zweite Gruppe einen Punkt gutgeschrieben. Die Fragenreihenfolge wird dadurch nicht berührt – das heißt, dass in einem solchen Fall die zweite Gruppe sich nun ganz regulär eine eigene Frage aussuchen darf.*
2. Variante: *Um möglichst viele Seniorenkreisler zu beteiligen, empfiehlt sich diese Variante, bei der jede Gruppe zu jeder Frage eine Antwort geben darf: Gruppe 1 wählt eine beliebige Frage aus. Diese Frage wird vorgelesen. Jede Gruppe berät anschließend und schreibt ihre Antwort auf einen Zettel. Alle Gruppen mit der richtigen Lösung bekommen einen Punkt gutgeschrieben. Danach darf sich die zweite Gruppe eine Frage aussuchen usw.*

Alternative, vereinfachte Variante ohne nummerierte Vorlage: Lesen Sie die Fragen der Reihe nach vor. Jeder, der möchte, kann auf Zuruf antworten.

Besonders nett ist es, wenn Sie anschließend an alle einen kleinen Preis passend zum Anlass verteilen: eine Nuss, ein Teelicht, einen Zimtstern oder Ähnliches.

1. Scherzfrage: Wo kommt Silvester vor Weihnachten?
   Im Wörterbuch

2. Ich bin ein bekanntes Weihnachtsgebäck. Meine Hauptzutat wächst vor allem in Madagaskar oder Indonesien. Mein Name klingt etwas bayrisch oder österreichisch.
   Vanillekipferl

3. Was feiert die russisch-orthodoxe Kirche am 7. Januar?
   Weihnachten

4. Welcher berühmte König stammt wie Jesus aus Bethlehem?
   David

5. Scherzfrage: Was war am 6.12.1967?
   Nikolaustag

6. Was legen Kinder gerne ihren Briefen bei, wenn sie nach Himmelsthür oder Himmelpfort schreiben?
   Wunschzettel

7. An welchem Datum beginnt der Adventskalender – am 1. Advent, am Nikolaustag oder am 1. Dezember?
   1. Dezember

8. Wie heißen die vielfarbigen Lichter, die im Winterhalbjahr ganz im Norden zu sehen sind?
   Polarlichter

9. Wie heißt ein sehr bekannter Dekorationsstern, der nach einer Brüdergemeinde genannt wird?
   Herrnhuter Stern

10. Scherzfrage: Was gibt es im Dezember und sonst in keinem anderen Monat?
    Den Buchstaben D

11. Welches Lichterfest feiert man in Skandinavien am 13. Dezember?
    Luciafest

12. Welche Person wird in der Weihnachtsgeschichte des Evangelisten Lukas nicht erwähnt: Kaiser Augustus, Maria, Josef, Wirt?
    Wirt

13. Wird in Australien Weihnachten im Sommer oder im Winter gefeiert?
    Im Sommer, denn auf der Südhalbkugel ist es im Dezember Sommer.

14. Welcher Fehler hat sich in diesem Lied eingeschlichen?
    Alle Jahre wieder kommt das Jesuskind auf die Erde nieder, wo wir Menschen sind.
    Es heißt „Christuskind".

15. Wer wurde am 24. Dezember geboren?
    Jesus Christus

16. Wann beginnt das liturgische Kirchenjahr – am 1. Advent, am 25. Dezember, am 1. Januar?
    Am 1. Advent

17. Welches Lied wurde von Bill Crosby gesungen und gehört zu den am meisten verkauften Singles weltweit?
    White Christmas

18. In einem Sketch klagt Opa Hoppenstedt: „Früher war mehr Lametta." Von wem stammt der Sketch?
    Loriot

19. Scherzfrage: Welche Lichter brennen am längsten?
    Sonne, Mond und Sterne

20. Wenn wir uns riesig freuen, dann fallen der Redewendung nach zwei Feste zusammen. Welche?
    Weihnachten und Ostern fallen dann zusammen.

21. Scherzrätsel: Im Frühjahr finden Kinder auf der Wiese zwei Kartoffeln, eine Möhre und einen verwitterten alten Hut. Was ist passiert?
    Ein im Winter gebauter Schneemann ist geschmolzen.

22. Wer komponierte und textete das bekannte Kinderlied: „In der Weihnachtsbäckerei"?
Rolf Zuckowski

23. Scherzrätsel: Ein Antiquitätenhändler bietet Ihnen eine alte Münze an mit der Aufschrift „86 vor Christus". Kaufen Sie ihm die Münze ab?
Besser nicht, denn es ist eine Fälschung. 86 vor Christus wurde ja noch nicht nach „Christus" gezählt.

24. In einem bekannten Weihnachtslied ist die Rede von einem „holden Knaben im lockigen Haar". Welches Lied ist das – O du fröhliche; Stille Nacht, heilige Nacht; Ihr Kinderlein kommet?
Stille Nacht, heilige Nacht[25]

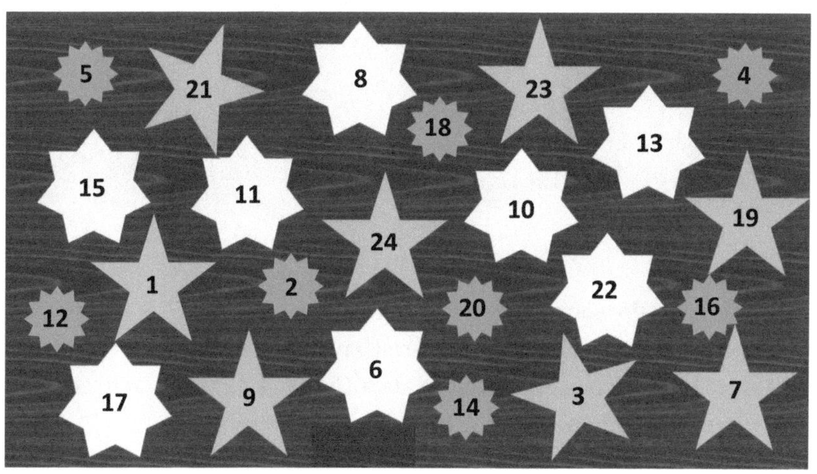

Startfolie der PowerPoint-Präsentation

[25] Fragen 1, 5, 10, 20, 21 nach https://www.weihnachtswuensche.com/weihnachtsraetsel-fuer-senioren/, abgerufen am 08.03.2021.

c. „Dalli Klick“ – Licht scheint in die Dunkelheit

Animierte PowerPoint-Präsentation im Downloadbereich

Bei diesem „Dalli Klick“ müssen Begriffe rund um die Themen „Weihnachten“ und „Winter“ erraten werden. „Licht scheint in die Dunkelheit“ ist das Thema. Deshalb liegen die Bilder zunächst ganz im Dunkeln. Schritt für Schritt wird es heller und das jeweilige Bild schält sich aus dem Dunkeln heraus. So werden die Bilder nach und nach aufgedeckt. Machen Sie jeweils bei jeder neuen Folie eine kurze Pause und lassen Sie die Seniorenkreisler raten. Sollte die richtige Lösung schon nach wenigen Schritten gefunden werden, können Sie das Bild zügig weiter aufdecken, bis alles zu sehen ist.

Die Handhabung der Präsentation und der Verlauf des Ratespiels sind völlig unkompliziert (siehe Seite 11) und auch für „Neueinsteiger“ gut geeignet. Die Präsentation läuft sehr gut unter Microsoft PowerPoint. Wenn Sie ein anderes Programm nutzen, testen Sie vorher die Präsentation.

Lösungen:

1. Kerzen, **2.** Glocken, **3.** Schlitten, **4.** Lebkuchenmann, **5.** Schneemann, **6.** Schneeflocke, **7.** Rentier, **8.** Christbaumkugeln, **9.** Kirche, **10.** Geschenk, **11.** Weihnachtsmann/Santa Claus, **12.** Weihnachtsmann, **13.** Engel, **14.** Schaukelpferd, **15.** Weihnachtsszene

d. Vorlesegeschichte: Nur eine Kerze

Wir fuhren nach Hannover zum Weihnachtsmarkt. Meine Mutter kam aus Dedensen. Ich aus Gehrden. Mein Neffe hatte hier einen Stand, den wollte Mutter sehen. Kaum stieg sie aus dem Bus, fing es an zu regnen. Kälte kroch unter die Jacke. Mit den Worten: „Ich bin doch keine alte Frau", stülpte sich Mutter noch eine Plastikhaube über die Mütze. Bald erreichten wir Markt und Stände. Mein Neffe bot Mutter Glühwein an, doch sie dankte höflich, aber bestimmt mit den Worten: „Ich muss erst mal sehen, was es hier sonst noch gibt."

Wir zockelten so dahin. Wasser tropfte vom Schirm; es war ungemütlich. Nach einer Weile sagte Mutter: „Ich habe Hunger." Vorbei an Kartoffelpuffern mit Apfelmus, Würstchen mit Sauerkraut und chinesischen Frühlingsrollen blieben wir an einem Pizzastand stehen. „Ja, eine Pizza wäre jetzt das Richtige." Wir gingen in das Lokal gleich hinterm Markt. Da saßen wir gut und warm; die Jacken trockneten und Pizza gab es auch. Und Oregano extra.

Als Mutter zahlen wollte – das ließ sie sich nicht nehmen –, schlug ich vor, dem Ober eine kleine Honigkerze zu schenken, die ich in größerer Menge in der Tasche hatte.

„Kann man das machen? Was denkt er dann über mich? Ich könnte mich doch blamieren." Zweifelnd willigte Mutter schließlich ein. „Soll ich ihm dann auch ein Trinkgeld geben?"

„Ich denke schon", sagte ich.

Der Ober kam; Mutter rundete den Betrag auf und meinte: „Ich wohne außerhalb und werde wohl nicht wieder in Ihr Lokal kommen. Aber es hat mir so gut gefallen, dass ich Ihnen diese Kerze schenken möchte."

Der Ober stutzte, drehte sich um, holte einen riesigen italienischen Kuchen aus dem Regal und stellte ihn mit den Worten: „Frohe Weihnachten wünsche ich Ihnen auch", vor Mutter hin. Die nahm das Gebäck sprachlos in den Arm.

Der Ober ging, roch wieder und wieder den Honigduft und freute sich. Als wir draußen waren, sagte Mutter, noch immer bewegt: „Ich habe ihm doch nur eine Kerze geschenkt – was daraus werden kann!“

Hannelore Hagedorn[26]

e. Gesprächsimpulse

- Wie feiern Sie heutzutage Weihnachten?
- Wie wurde Weihnachten in Ihrer Kindheit gefeiert?
- Erinnern Sie sich an ein besonderes Krippenspiel?
- Wie ergeht es Ihnen mit Weihnachten – ist das eher ein trauriges oder eher ein freudiges Fest?
- Gibt es einen Vers oder Spruch, der Ihnen an Weihnachten besonders wichtig ist?
- Erinnern Sie sich an ein ganz besonderes Weihnachtserlebnis?

f. Kunterbunte Tipps

- Zum Thema „Weihnachtssterne und andere Lichter“ passen als Dekoration alle Arten von Sternen, Lichtern und Kerzen. Und natürlich auch die Pflanze „Weihnachtsstern“, die es ja in verschiedenen Größen und Farben gibt.
- Basteln Sie Banderolen für Teelichter, am besten mit Fotos aus Ihrer Kirche. Das schafft eine ganz persönliche Stimmung. Dazu brauchen Sie ein oder mehrere Fotos von Ihren farbigen Kirchenfenstern. Die Fotos werden in einem Worddokument nebeneinandergesetzt (auch ein einziges Motiv kann mehrfach wiederholt werden), so dass eine Reihe im Format von ca. 28 x 5 cm entsteht.

[26] Aus: Willi Hoffsümmer, Dankbarkeit erhebt die Seele. 120 Geschichten zum Vorlesen für Gottesdienst und Seniorenarbeit, Ostfildern 2011: Matthias-Grünewald-Verlag der Schwabenverlag AG, S. 54-55.

Auf ein DIN-A4-Blatt passen im Querformat zwei Reihen. Drucken Sie die Vorlage in Farbe auf ein bedruckbares Transparentpapier und schneiden Sie dann jeweils die beiden Banderolen mit einem kleinen Rand oben und unten aus. Kleben Sie die Banderole zu einem Ring. – Diese Windlichter haben einen besonderen Überraschungseffekt und können gleichzeitig als Mitgebsel zu Ende des Nachmittags dienen.

g. Angedacht: Die andere Seite des Lichts

Montags bei der Abteilungsleiterkonferenz: Der Kollege bemängelt, dass der Bewegungsmelder in der Tiefgarage nicht funktioniert. Verzweifelt fragt er in die Runde: „Oder ist das vielleicht nur bei mir so, reagiert vielleicht das Licht nicht auf mich?“ Nein, natürlich kennen alle das Problem. Meine Gedanken springen weg von der Problematik der nicht erleuchteten Tiefgarage hin zu Berthold Brecht: „Die einen sind im Dunkeln und die andern sind im Licht.“

Das trifft auch heute wieder oder immer noch das Lebensgefühl vieler Menschen. Nicht auf der Sonnenseite des Lebens zu stehen, nicht erreicht zu werden vom Licht – das ist immer wieder Thema, wenn ich wegen persönlicher Probleme um ein Gespräch gebeten werde. Manchmal kommt es auch vor, dass jemand enttäuscht darüber ist, in Glaubensdingen immer noch im Dunklen zu tappen: „Mein ganzes Leben lang gehe ich in den Gottesdienst, aber ehrlich gesagt, lässt mich das alles irgendwie kalt, es erreicht mich einfach nicht!“ „Ich meditiere seit Jahren, aber ich fühle nichts dabei, es langweilt mich eher.“ Gibt es das also vielleicht wirklich, dass das Licht auf manche Menschen nicht „reagiert“?

Mitten in der dunkelsten Jahreszeit feiern die christlichen Kirchen eines ihrer größten Feste: Weihnachten. Diese Tatsache könnte unser Verhältnis zur Dunkelheit radikal verändern: Dunkel muss nicht automatisch traurig, böse und beängstigend sein. Könnte man einmal eine Kerze nach ihrem Verhältnis zur Dunkelheit fragen, dann würde sie möglicherweise sogar eine Liebeserklärung an das Dunkel geben.

Denn ohne die Schwärze und die Finsternis wäre das Licht ein Nichts. Unsere ganze Adventsstimmung lebt von der Spannung zwischen Hell und Dunkel, unser Biorhythmus braucht Tag und Nacht. Beides gehört zur Schöpfung. Ein altes Sprichwort sagt: „Jedes Geschöpf ist seinem Schöpfer ähnlich." Also ist auch die Nacht göttlich. An Weihnachten hat Gott die Nacht auf besonderer Weise gesegnet. Die Adventszeit mit ihrem Spiel von Licht, Schatten und Dunkelheit will uns auf dieses Ereignis vorbereiten. Es ist eine Zeit der Übung, mit dem Dunkel vertraut zu werden.

Illuminieren Sie vielleicht einmal nicht automatisch jeden Abend das ganze Haus, sondern trauen Sie sich ruhig, im dunklen Zimmer zu sitzen. Vielleicht stecken Sie dann ganz bewusst eine kleine Kerze an und tasten sich so ganz vorsichtig an das Geheimnis von Licht und Dunkel heran. Sie werden merken: Das Dunkel ist uns nicht fremd, ist nicht der böse Teil des Ganzen, sondern die andere Seite des Lichts. Versuchen Sie einmal, die Finsternis, die Gottesferne oder das Leid unter diesem Aspekt zu sehen. Es könnte sein, dass sich etwas verwandelt.

Gerne stelle ich Ihnen als Hilfe dazu die Worte des Psalms 139 zur Verfügung: „Würde ich sagen, Finsternis soll mich bedecken, statt Licht soll Nacht mich umgeben – auch die Finsternis wäre für dich nicht finster, die Nacht würde leuchten wie der Tag."

Mit diesem Satz kommt man durch dunkle Tiefgaragen und noch viel weiter. Man kommt damit durchs Leben.

Eva Meder-Thünemann[27]

---

[27] Aus: Peter Karl Kolb & Burkhard Vogt (Hg.) GEIST REICH Kreuzworte, Verlagsatelier Michael Pfeifer, Aschaffenburg 2012, S. 63-64.